Quantos eus que não são meus?

3ª reimpressão

Pe. Fábio de Melo

Quantos eus que não são meus?

Como desvelar, construir
e preservar a identidade

Planeta

Copyright © Padre Fábio de Melo, 2022
Copyright © Editora Planeta do Brasil, 2022
Todos os direitos reservados.

Preparação: Fernanda Guerriero Antunes
Revisão: Carmen T. S. Costa e Andréa Bruno
Diagramação: Vivian Oliveira
Capa: Rafael Brum
Imagem de capa: UntitledImages/iStock

DADOS INTERNACIONAIS DE CATALOGAÇÃO NA PUBLICAÇÃO (CIP)
ANGÉLICA ILACQUA CRB-8/7057

Melo, Fábio de
 Quantos eus que não são meus: como desvelar, construir e preservar a identidade / Fábio de Melo. -– São Paulo: Planeta do Brasil, 2022.
 288 p.

 ISBN 978-65-5535-818-6

 1. Autoconhecimento 2. Identidade (Psicologia) I. Título

22-2883   CDD 158.1

Índice para catálogo sistemático:
1. Autoconhecimento

Ao escolher este livro, você está apoiando o manejo responsável das florestas do mundo

2023
Todos os direitos desta edição reservados à
EDITORA PLANETA DO BRASIL LTDA.
Rua Bela Cintra, 986 – 4º andar
01415-002 – Consolação – São Paulo-SP
www.planetadelivros.com.br
faleconosco@editoraplaneta.com.br

Dedico este livro à memória de minha mãe,
Ana Maria de Melo Silva,
que nunca deixou de me dar à luz.
Mesmo estando ausente fisicamente,
eu juro, continuo nascendo dela.

"Nós, homens do conhecimento, não nos conhecemos; de nós mesmos somos desconhecidos – e não sem motivo. Nunca nos procuramos: como poderia acontecer que um dia nos encontrássemos?"

Friedrich Nietzsche

Sumário

Apresentando a questão......................11
Um despertar tardio............................16
É possível saber quem somos?.............30
A filosofia está no antes de tudo..........47
Onde mora o eu?..................................55
O lugar do eu na filosofia....................63
O eu como si mesmo...........................75
Sou muitos, mesmo sendo um só........84
O que nos constrói ou destrói são
as escolhas que fazemos......................88
Os eus que nos chegam pelos conselhos......92
O eu imposto, impostor......................102
Os administradores de nossa
fragilidade original..............................107
O limite original.................................120
Do ser indivíduo ao ser pessoa...........131
Os cárceres do indivíduo....................146
O ineditismo do eu.............................152
O eu da pessoa...................................157
O conhecimento do eu como
um processo maiêutico.......................163
O pastoreio do eu...............................170

O eu que desvendamos 176
O eu na dinâmica do vir-a-ser 184
O eu negado de Antônia 197
A atribuição de responsabilidades 208
A cultura da negação do eu 216
Os eus impostos e as religiões 229
Sob a proteção da falsa bondade 240
O pessimismo antropológico como
impedimento para a evolução espiritual 253
Do pessimismo às máscaras 260
As máscaras como
desdobramentos dos medos 271
A vida como lugar terapêutico 279

Apresentando a questão

Somos epifania, um desvelamento que nunca terá fim, uma revelação que descortina as idades dos tempos, as fases adormecidas que habitam os calabouços da memória. Somos como um remanso de rio. Corremos afluindo, recebendo, oferecendo, transbordando, escasseando, profundos, desertificados, sempre movidos pela força condicionante do devir, determinados pelo renovante movimento do vir-a-ser.

Como tão assertivamente nos sugeriu Heráclito,[1] assim como o rio, não poderemos oferecer, hoje, as mesmas águas ao que veio ontem, pois já seremos outros.

Por sermos essencialmente propensos aos ritmos de remanso, nunca estaremos revelados por completo. Por maior que seja o nosso empenho nesta busca pelo autoconhecimento, o transitar pela vida será marcado pela incessante sede de si mesmo. Somos um rio que nunca chega ao mar, um itinerário que segue sendo alterado constantemente, impondo-nos, assim, o destino de sermos sempre surpreendentes a nós mesmos.

---

1. Heráclito foi um filósofo grego nascido cerca de 470 a.C. na cidade de Éfeso, na Turquia, que era parte da Grécia Antiga. É um dos principais filósofos pré-socráticos, considerado por muitos como o pai da dialética.

Cada um cumpre o destino à sua forma, em pleno acordo com suas condições. Aos que ousam olhar nos olhos da dúvida, a verdade nunca se recusa a conceder um retalho de seu manto. Aos que insistirem seguir sem ela, será inevitável não sofrer com o derramamento de sua sombra.

Ficar ou partir é uma decisão existencial que escrevemos com os mínimos pontilhados de nossas escolhas. Aos que decidirem ir, um cais diário espera a oferecer o cálice da alegria. Aos que decidirem ficar, um "ai!" diário espera a oferecer o cálice da mesmice. Os alumbramentos correm nas veias dos que se procuram. O tédio será sempre propriedade dos que adiam a viagem ao dentro de si mesmos.

Este é um livro sobre identidade. É uma breve reflexão sobre a dinâmica existencial que nos permite identificar o *eu que somos*. Nem sempre a identificação é resultado de uma investigação teórica, uma convicção que nos tenha sido dada pelas vias da intelectualidade. É claro que ela pode ser fruto do autoconhecimento guiado, instruído, pois há, entre nós, os inveterados curiosos das questões humanas, sempre prontos ao desvelamento que a vida intelectual nos proporciona. Geralmente, porém, acreditamos no *eu que somos* porque o experimentamos na prática. É a dinâmica da vida que nos coloca nos braços do autoentendimento. Olhamos para o mundo que nos cerca e sabemos distinguir as realidades que nos afirmam e aquelas que nos negam.

O *eu que somos* é como um ímã com enorme poder de atração. Não havendo obstáculos, ele se desenvolve naturalmente, atraindo e assimilando os elementos que o reforçam, uma vez que a verdade tem força de ser.

O eu é um mosaico que construímos aos poucos, mediante os processos de cada fase da vida. A criança, desde cedo, já demonstra ter vontades, inclinações. É o eu iniciando o seu florescimento normativo. Tudo que a cerca interfere positiva ou negativamente, pois as influências que recebemos podem coincidir com a imaturidade, com o limite que não nos permite um posicionamento contrário aos que negam o florescimento de nossa verdade.

Embora a nossa experiência nos mostre que o eu gravita a partir de um núcleo que promove a sua unidade, ele pode se desdobrar em muitos. Experimentamos, ao longo da vida, uma infinidade de versões de nós mesmos. O eu é generoso, adapta-se para viver as travessias, sabe desafiar-se, vestir-se do rosto temporário que o momento exige, certo de que o rosto substancial prevalecerá ao final.

No entanto, nem sempre é assim. E esse é o tema deste livro. Por motivos que esmiuçaremos melhor ao longo da reflexão, o *eu que somos* pode ser aniquilado pelos *eus que não somos*, pois a dinâmica da existência nem sempre é conduzida pela lucidez e pela coragem.

É natural viver temporariamente sob o comando de um eu que não nos pertence – faz parte do processo, porque seria imaturo imaginar que o mundo só vai nos colocar nas rotas que nos dizem respeito. Às vezes o mundo discorda de nós, contraria-nos, e precisamos enfrentá-lo. É no enfrentamento dessas discordâncias que amadurecemos emocionalmente, fortalecemos a nossa resistência, desenvolvemos a nossa resiliência. Mas assumi-lo como definitivo, não.

A passagem pelos eus que nos negam é tão importante quanto a passagem pelos eus que nos afirmam, pois fomenta a nossa capacidade de acessar e conhecer o eixo de nossa verdade.

Quem vive se buscando nunca para de encontrar. Sim, o movimento do autoconhecimento é a dinâmica que mais ativa a sensação de estarmos vivos, viventes, atuantes, acordados. O descobrir-se é sempre encantador, ainda que a descoberta não nos coloque diante de sentimentos e posturas nobres. O olhar constante sobre o vivido não é um exercício vazio de sentido. Ainda que não possamos alterar um só centímetro do que foi vivido, nós podemos entender.

Entender é o primeiro passo para uma vivência regida pela gratidão. Entendemos para que o passado deixe de nos oprimir, para que tenhamos dele somente a sua porção educativa, pedagógica. Entendemos o passado para que o presente seja vivido com mais consciência e lucidez. Entendemos para que sejamos capazes de separar os sonhos das ilusões, para que tenhamos uma leitura mais assertiva de nós mesmos.

O entendimento gera serenidade, paz interior, pois dele resulta o amadurecimento. A maturidade é o elemento que põe a vida nos trilhos, que nos dá a prazerosa sensação de dever cumprido, o contentamento que nasceu dos inúmeros processos que nos fizeram chegar ao momento presente.

Estando assim, sob o comando do entendimento e da maturidade, todos os eus que fomos e somos convivem em harmonia – foram devidamente terapeutizados, colocados harmoniosamente no grande mosaico que é a nossa vida.

Este é o ponto nevrálgico de nossa reflexão. O nosso desejo é fazer um recenseamento particular. Quantos eus nos definem? Quantos são substancialmente nossos, quantos não são?

Um despertar tardio

Temos uma convicção: quem nos acorda são os sonhos. Não os sonhos que sonhamos quando dormimos, mas aqueles que sonhamos acordados, quando somos capazes de imaginar o futuro, embora tenhamos os pés no momento presente.

Os sonhos nos ajudam a entender o que queremos de nós. E é o próprio processo da vida que vai nos ajudando a distingui-los da ilusão. Sonhar é um atributo inerente à nossa condição humana, mas nem tudo o que sonhamos realizar faz sentido. Também é um atributo nosso a capacidade de discernir os sonhos que nos dizem respeito, distinguindo-os dos que não cabem no horizonte de nossas esperanças. O esclarecimento nos chega com a maturidade, pelas mãos do bom senso.

Quando eu era criança, por exemplo, dizia que queria ser médico. E durante um bom tempo acreditei que seria capaz de me tornar um bom médico. Tão logo identifiquei a minha inadequação com a profissão, porém, reconheci que não era um sonho, mas uma ilusão. Eu disse que queria ser médico porque certamente fui influenciado pelos médicos que tinha diante de mim. Gostava daquela autoridade com que falavam, da liturgia da profissão. No entanto, na primeira experiência de ter um corte na cabeça, tendo a necessidade de ser atendido por um, descobri que eu não era capaz de lidar com o sangue. Como poderia ser médico com essa limitação?

O sonho se desfez. E nunca mais olhei para trás. Segui o meu caminho sabendo que a medicina nunca poderia ser o meu campo de atuação.

Há, contudo, pessoas que não podem, mesmo sabendo que o sonho não é uma ilusão, dar vazão aos processos que transformariam o sonho em realidade. Mas os sonhos não morrem? Não, nem envelhecem, como dizia o poeta. Eles amadurecem, porém não prescrevem. Quando não realizados, eles se resguardam num canto da memória e voltam a falar toda vez que recebem o direito à palavra. Portanto, nunca é tarde para retirá-los das gavetas e conceder-lhes a manufatura do presente.

Os sonhos são importantes no processo do autoconhecimento, pois nos ajudam a chegar à nossa definição. Conforme dissemos anteriormente, eles se configuram como realidades que nos antecipam o futuro, pois, por meio deles, podemos intuir a forma pela qual gostaríamos de desfrutar a vida que nos espera; por isso é tão importante percebê-los. Eles estão misticamente ligados ao *eu* que somos, ao cerne da verdade que nos constitui, trabalhando como comunicadores do *eu*, dando voz à nossa verdade interior, para que as escolhas que fazemos possam favorecer o seu florescimento.

No entanto, não é sempre que o sonho pode ser considerado. Às vezes, porque estamos limitados pelas condições do momento presente, não podemos dar vazão ao que ele nos pede. Como dissemos, sonhos não prescrevem. Quando deixamos de realizar um sonho que tem estreita ligação com nossa essência, passamos a levá-lo como um prejuízo inconsciente. É como se uma parte de nós ficasse guardada, amolgada, perdida na desordem da vida, sem receber o benéfico sopro da realização. Ninguém consegue esconder por muito tempo os sonhos que deixou de cultivar. Mais cedo ou mais tarde, a verdade pessoal solicita, pede alforria, reivindica a libertação dos condicionamentos que dificultam a realização do que deixamos de realizar.

É interessante perceber que, pela via dos sonhos, podemos chegar ao melhor de nós. São eles que nos oferecem o cais de onde partimos, a rota que nos fará chegar a uma versão mais aperfeiçoada de nós mesmos.

Quando um sonho se assanha dentro de nós, solicitando ser realizado, temos o indicativo de que uma travessia deve ser feita, um êxodo deve ser vivido, uma escravidão pode ser deixada, uma terra prometida pode ser encontrada. Ele nos põe no caminho do aperfeiçoamento pessoal.

Costumeiramente, os sonhos não nos chegam sem a experiência do desassossego. Um desconforto existencial costuma precedê-los. É como se fôssemos expulsos do lugar que antes nos parecia adequado, levando-nos a desejar outra conquista, um novo estado de vida, uma diferente forma de posicionamento diante da vida que temos.

Contudo, como já dissemos, requer sabedoria distinguir os sonhos das ilusões. Sonhos dizem respeito a nós; ilusões, não. Podem ser o resultado de encantamentos que não passaram pelo processo do esclarecimento, pelo benefício da purificação. Enquanto o sonho tem enlace com o eu mais profundo, a ilusão tem com o ego, a parte mais superficial de nossa estrutura humana.

Somente a maturidade pode nos ajudar a fazer a triagem, o escrutínio, dando-nos a capacidade de identificar os sonhos que são válidos e os que não são.

A vida tem as suas liturgias. O tempo se encarrega de nos fazer perceber os sonhos que nos dizem respeito, separando-os dos que são sonhados a partir de condicionamentos ou influências alheias. E, então, depois de credenciar os que condizem com o que somos, só nos resta viabilizá-los.

Foi justamente esse processo que viveu uma senhora que tive o enorme prazer de conhecer durante uma peregrinação que fazíamos aos Santuários Marianos, na Europa.

Dona Lau, como gosta de ser chamada, é uma mulher encantadora. Traz no olhar a delicadeza de quem fez da vida um movimento de constantes reconciliações. O resultado de quem sabe fazer isso é a gratidão.

A tranquilidade com que dona Lau relembra fatos dolorosos de sua história nos confirma que os rancores não sobreviveram nela. As mágoas prescritas não tiveram acesso à hospedaria da alma. A vida não lhe deve nada, e a soma de todos os tempos é um resultado harmonioso que se manifesta em seu jeito de ser.

Estávamos em Lourdes, na França, quando ela me contou uma parte de sua história. Atravessávamos uma bela ponte, pois faríamos uma visita à casa em que nasceu e viveu

Santa Bernadette, a menina pobre que vivenciou as aparições e o grande milagre naquela cidade, no ano de 1858. Estávamos num lugar de travessia, e isso foi muito simbólico.

Eu me aproximei e fiz uma pergunta muito simples: "E a senhora, o que me conta de bom?".

Foi com essa pergunta que pude acessar o belo trajeto de redescoberta pessoal que ela viveu, a partir da decisão de soprar realização num sonho antigo.

Durante muitos anos, dona Lau foi uma devotada dona de casa. Cuidou do marido e do filho Flávio. Nunca reclamou das funções que exercia, mas sabia que existiam sonhos a ser realizados, ainda que tardiamente. De vez em quando, ouvia a voz interior que lhe dizia: "Chega, esta não sou eu".

Sabendo que ainda não tinha condições de obedecer àquela voz, dona Lau seguiu de forma resignada sua vida de dedicação à casa e à família. Segundo ela, fazia de tudo. Era cozinheira, faxineira, pintora, encanadora, eletricista. Entendia de tudo um pouco.

E assim foi. Cumpriu fielmente suas obrigações, até o dia em que a voz lhe falou mais alto, de forma muito convincente. Quando percebeu que a família não precisava mais de sua dedicação integral, resolveu comunicar a decisão que havia tomado: faria vestibular para Odontologia.

É claro que a notícia foi recebida com espanto por todos. Uma mulher, aos 52 anos de vida, inserida numa sociedade que costuma desautorizar iniciativas consideradas tardias, optar por cursar uma faculdade tão exigente?

De tudo ela escutou. Daqueles que a estimularam, recebeu o reforço do que ela sempre soube: nunca é tarde para retirar um sonho da gaveta e investir de forma responsável em sua realização. Dos que a desestimularam, recebeu o desencorajamento que costumeiramente ouvimos: a alegação de que não fazia sentido assumir uma responsabilidade tão desafiadora numa fase em que deveria desfrutar de tranquilidade.

Os dois lados tinham razão. Dona Lau era consciente de que estava tomando uma decisão difícil. No entanto, havia um diferencial: a sua vontade não estava impulsionada por ilusões. Ela era capaz de reconhecer todos os limites que o tempo já havia lhe trazido. Precisaria despertar uma parte de si que lhe seria absolutamente inédita. Ela sabia que não tinha as mesmas destrezas da juventude. Físicas e intelectuais. Estava consciente de que precisaria conviver com pessoas que, até então, não faziam parte de seu horizonte de sentido. Integraria novidades que certamente lhe pediriam um constante desinstalar emocional, físico e intelectual.

Os desafios, porém, não venceram o embate. A convicção de que precisava ser fiel a si mesma conquistou o pódio. E assim foi. Aos 52 anos de vida, dona Lau inscreveu-se para fazer o vestibular. De forma surpreendente, passou sem dificuldade. A mulher, cuja rotina até então era a lida com os serviços da casa, tinha agora diante de si o desafio de juntar-se a um grupo de rapazes e moças que viviam fases completamente distintas da sua, e ser aluna de professores mais jovens que ela, ou com a mesma idade.

Não foi fácil, ela assume. O primeiro semestre foi exigente e exaustivo ao extremo. Uma nova rotina foi estabelecida. Havia um agravante: estava havia muito tempo sem estudar, desacostumada aos estudos. As atividades acadêmicas lhe exigiam muito e cansavam mentalmente. Muito esforço para pouco resultado. Segundo ela, "era como religar um motor que já estava enferrujado".

Dona Lau teve muita dificuldade. Os primeiros resultados não foram bons, mas o sonho continuava a lhe dar ordens. Era movida por uma força interior, misteriosa, que não lhe permitia esmorecer nem desanimar. Empenhou-se ainda mais. Estava cônscia de que a realização de um sonho requer empenho e, no seu caso, redobrada dedicação.

O empenho gerou frutos. No segundo semestre, conseguiu uma sensível melhora nos resultados obtidos. E, desde então, já familiarizada com a nova rotina, dona Lau se tornou uma dedicada senhora universitária.

A faculdade fez mais do que lhe conceder acesso ao conhecimento: ela lhe abriu os horizontes, trouxe uma lufada de ventos novos na sua alma. Da rotina mimética que a vida doméstica solicita, passou à rotina de desafios e exigências que a faculdade impõe. Não foi fácil, mas ela se mantinha firme na manufatura de seu sonho.

Dona Lau estava vivendo um processo de importantes e significativas desinstalações. Todo dia, surpreendia-se consigo mesma, fato que lhe concedia a maravilhosa sensação de sentir-se jovem de novo, desafiada a dar uma resposta existencial completamente diferente das muitas respostas que até então precisara dar.

Os desafios eram outros, alterou-se a complexidade dos estímulos que recebia, gerando naturalmente respostas mais elaboradas, trazendo-lhe o deleite de sentir-se em novo movimento, reacordando a consciência do remanso do rio que era, mas alterando-o, tornando-se o rio que poderia ser.

Dona Lau estava desfrutando de uma nova forma de ser. Estava fazendo justiça a si mesma, pois Odontologia sempre foi um sonho que alimentara desde a infância, mas as escolhas que fez – o casamento, a lida com a família, com a casa – se colocaram como um obstáculo entre ela e o sonho. Contudo, num momento que não sabemos precisar, uma ponte, feito aquela em que estávamos, colocou-se diante dela. E, do outro lado, estava a meta que sempre foi desejada, chamando por ela, como sempre chamou; entretanto, naquela circunstância, por não ter mais os obstáculos de antes, dona Lau decidiu obedecer e atravessar a ponte.

Com o tempo, ela se tornou uma aluna brilhante. Formou-se odontóloga e imediatamente foi recrutada por um importante professor da universidade para trabalhar com ele. Seguindo o caminho do mestre, especializou-se em implantes dentários. Sim, a dona de casa que até pouco tempo ocupava-se com rodos, vassouras, temperos e serviços gerais, de repente tornou-se uma odontóloga especialista numa exigente área do conhecimento prático da Odontologia.

A conversa com dona Lau não foi demorada, mas o suficiente para reacender em mim a convicção de que nunca é tarde para ser quem podemos ser. Não que a vida doméstica que ela viveu não tenha tido valor, pelo contrário. Foi nobre, muito nobre cuidar da rotina da casa, missão que não se limita às mulheres – cada vez mais temos o entendimento de que tudo deve ser partilhado.

Dona Lau não se sentia pequena durante os anos em que procrastinou a realização de seu sonho. Pelo contrário, sempre viveu com muita dignidade e alegria o papel que o casamento havia lhe pedido viver. Há pessoas que não querem outra coisa, pois estão felizes e realizadas nas funções domésticas. Também acontece o contrário. Depois de uma vida longa atuando como profissionais liberais, existem aqueles que trocam tudo por uma rotina simples, pacata, doméstica. Dona Lau, porém, identificava em si um prejuízo existencial. Ela sempre desejou estudar Odontologia. Ao retirar aquele sonho antigo da gaveta, estudando e assimilando um conhecimento específico que lhe permitiria tornar-se quem sempre quis ser, ela se deu um grande presente. Mais que isso, proporcionou-se um novo nascimento, como se a vida lhe fizesse retornar ao ventre de sua mãe, nascendo, novamente, aos 52 anos.

A Odontologia era um sonho antigo, adiado pelas circunstâncias da vida. O tempo passou e o sonho seguiu silenciado, mas, de repente, virou um espinho, gerou desassossego, fez o pedido, solicitou receber o sopro do empenho, da realização. Dona Lau ouviu, considerou justa aquela solicitação. Escolhendo ser fiel ao que lhe pedia o coração, metáfora que usamos para dizer sobre tudo o que essencialmente nos diz respeito, ela sondou com honestidade todos os desafios que se colocariam diante de seus pés. E, considerando que os prós prevaleceriam sobre os contras, resolveu se desconstruir, se desinstalar, para que o sonho antigo se tornasse realidade.

Dona Lau exerceu a odontologia durante vinte anos. Resolveu parar de atuar na área porque percebeu uma perda na sensibilidade das mãos, atributo fundamental para a qualidade de sua atuação profissional. No entanto, ela não ficaria no vazio, pois ainda tinha outro sonho esperando para entrar na linha de produção. Confessou-me que, no alto de seus 82 anos, ainda estava disposta a se empenhar em outro projeto. E eu tinha certa responsabilidade nessa descoberta.

Desde que havia descoberto o meu programa na TV,[2] percebeu que eu despertava sua curiosidade sempre que recrutava a filosofia para ajudar a refletir o evangelho ou para falar sobre o cotidiano que nos envolve. Sentiu que as questões filosóficas despertavam o seu interesse. Percebeu que existia em si uma aptidão por aquela área do conhecimento humano. Sendo assim, decidiu que cursaria a faculdade de Filosofia.

Ela me perguntou o que eu achava. Queria também que eu fizesse uma lista bibliográfica para que pudesse iniciar leituras específicas, pois já tinha consciência das dificuldades que enfrentaria. Fui pego de surpresa. Não imaginava que aquela conversa teria aquele desfecho. Pensei que, depois de me contar a saga que viveu na Odontologia, ouviria dela que estava ansiosa para desfrutar do conforto da aposentadoria, podendo organizar sua rotina de forma leve e despretensiosa.

---

2. Durante quinze anos, apresentei o programa *Direção espiritual*, na TV Canção Nova.

Mas não. Olhei para aquela senhora e estava surpreso com o que ouvia. E o que dizer a ela? Confesso que fui imediatamente conduzido ao desejo de considerar o quanto seria exigente assumir aquela responsabilidade. Quis ser prático, ponderar que o ócio seria importante naquela fase da vida. Foi então que me recordei das palavras atribuídas a Carlos Drummond de Andrade:[3] "Cuidado por onde andas, que é sobre os meus sonhos que caminhas".

A recomendação poética não me deixou dúvidas. Eu precisava olhar aquela senhora sem as imposições do tempo. Realizar um sonho é um processo que tem o dom de nos rejuvenescer. Dona Lau estava movida por um desejo que a remoçava, derramava juventude em suas veias, e eu não tinha o direito de pensar a partir do que escolheria se estivesse no lugar dela. Era outro eu, outra existência, e era preciso reconhecer sua alteridade. E foi o que fiz. Disse que ela estava corretíssima em não considerar as dificuldades sem também considerar as alegrias que decorreriam de sua nova escolha.

Quem já não está sob a imposição das necessidades de trabalhar para o sustento desfruta do enorme privilégio de viver para realizar os sonhos. Não nos limitamos a falar de sonhos materiais, mas de oportunidades que proporcionem crescimento espiritual e intelectual. Dona Lau podia se conceder esse presente. A vida lhe permitia viver aquele deleite. E eu me sentia muito honrado em saber que fazia parte daquela decisão.

---

3. Poeta nascido em 1902, em Itabira, Minas Gerais. É considerado por muitos o mais influente poeta brasileiro do século XX.

Eu a encontrei um tempo depois, já cursando Filosofia. Falou-me com muita alegria do quanto o curso estava lhe fazendo bem. É claro que a Filosofia estava representando um desafio ainda maior do que a Odontologia. Pensar filosoficamente é como passar por um novo processo de alfabetização. Requer um esforço mental considerável incorporar as categorias filosóficas, o jargão específico e, sobretudo, desconstruir as visões simplistas que temos do mundo e que nos foram dadas pelo senso comum.

O olhar de dona Lau parecia ainda mais impregnado de serenidade. Era como se ela já estivesse desobrigada da pressa que é tão comum aos que sofrem com excesso de juventude. Um olhar que confessa ser o farol de um território livre, aberto, pronto para indicar caminhos aos que dele precisarem.

A história de dona Lau me comoveu. Tanto que decidi abrir este livro com ela. O nosso encontro me fez pensar no quão significativo é considerar, ouvir, ainda que tardiamente, as solicitações e os sonhos que andaram perdidos dentro de nós. E não apenas ouvi-los, mas encaminhá-los à engenharia de produção das escolhas.

Nem sempre somos honestos com o que nos pedem os nossos sonhos, aptidões, desejos e vontades. Facilmente desconsideramos o que podemos, o que gostaríamos de saber e viver. Por descuido ou por imposições que não sabemos combater, nós nos desprendemos do eixo de nossa verdade, passando a corresponder ao que os outros esperam de nós.

Este livro quer ser um itinerário reflexivo para os que pretendem conhecer os *eus que não são seus*, as instâncias da personalidade que não nos dizem respeito, mas que, por fragilidade ou descuido, esmagam e fragilizam o florescimento de nossa substância.

Consequentemente, sabendo identificar os *eus que nos negam*, torna-se mais fácil identificar, acolher e cultivar os eus que nos confirmam, as realidades que nos dizem respeito.

Estas páginas foram escritas alicerçadas no desejo de abrir caminhos interiores que favoreçam chegar aos *eus impostos*, aos papéis que assumimos por medo, conveniência, imposições afetivas.

Elas são resultado de um movimento que tem sido constante no exercício do meu ministério: refletir sobre os desvios existenciais que nos impediram de cultivar os eus que correspondem ao *eu substancial* que somos, e sobre eles interferir.

Nunca é tarde para nos tornarmos quem somos. A substância que nos diferencia no mundo é um potencial que não cessa de florescer. Há sempre um detalhe a ser cultivado, uma versão inédita a ser descoberta e assumida.

É muito comum encontrar pessoas convivendo com a consciência infeliz, sabedoras de que não se tornaram quem poderiam ser, que se perderam pelos caminhos da inverdade, que se submeteram ao aniquilamento de suas essências, que deixaram de alimentar a dinâmica do autoconhecimento. Não estando cônscias de quem eram, baixaram a guarda, permitindo que outros impusessem sobre elas fardos de expectativas injustas e cruéis.

Cremos que há uma verdade em cada um de nós, um ser em estado de semente, que se desenvolve à medida que é cultivado. Negligenciar o cultivo é como antecipar a morte. Só somos e estamos verdadeiramente vivos quando imersos no processo que dinamiza as possibilidades da semente que somos.

A regra da vida está por toda parte. Em nós, o seu grito é ainda mais pungente, pois é consciente. Viver é um verbo que carece ser conjugado nas pequenas coisas. A qualidade da existência está intimamente ligada ao empenho que fazemos para saber quem somos.

Há um mosaico a ser montado. Peças que pertencem às diferentes fases da vida que já vivemos. O passado disforme, fragmentado, são estilhaços emocionais que precisamos terapeuticamente recolher. É na recolha e harmonização das partes que construímos a coerência. Ainda que pareça sem encaixe, todas as peças precisam desfrutar de nossa dedicada atenção. Chega o momento em que descobrimos o seu lugar na composição. A inteireza do ser é um privilégio dos que se escavam, dos que adentram o escuro da mina, dos que incansavelmente procuram pelas riquezas que nos habitam em silêncio.

Não nos parece justo que as riquezas permaneçam perdidas só porque não procuramos por elas. É no garimpo da rotina que elas podem ser recolhidas. E, com o tempo, tudo vai se ajeitando, dando forma ao mosaico que nos anuncia ao mundo como únicos e irrepetíveis.

É importante que sejamos inteiros em tudo o que fazemos, como tão bem nos exortou Fernando Pessoa.[4]

---

4. Fernando António Nogueira Pessoa foi um poeta, filósofo, dramaturgo, ensaísta e crítico literário nascido em Lisboa, Portugal, em 1888. É, sem sombra de dúvida, o maior nome da literatura portuguesa.

É possível saber quem somos?

A pergunta é pertinente. E é bem provável que ela tenha sido feita em pouquíssimas ocasiões da nossa vida. O que posso exatamente entender quando digo que eu sou eu? O que você entende quando diz que você é você? Decerto nós nos referimos a nós mesmos alicerçados no conhecimento que julgamos ser possível alcançar sobre nós. Por meio da autoanálise, da percepção que o outro tem de nós, das muitas sessões de análises que fizemos, o fato é que *eu sei que eu sou eu* e que *você é você*.

Confuso para algumas pessoas, sabemos, mas nos permita conduzir o seu entendimento ao antes do que já sabemos sobre a nossa capacidade de ler a própria identidade, essa casa que chamamos de eu que, na junção com outro eu, se torna *nós*.

Trago agora a minha experiência pessoal. Permita-me começar por ela. Eu navego por mim. Sempre naveguei. Pretendo morrer navegando. Errante ou sabedor do destino que me espera, estou sempre a desbravar o mar bravio que chamo de existência. São travessias normativas, algumas imprevistas, outras inventadas, frutos que derivam de minha inquietude, condição que me acompanha desde menino. Sim, eu já nasci sofrendo com o desassossego das questões. É sina. Sou constantemente conduzido por uma curiosidade que assanha os meus sentidos, cultivando a possibilidade de desvendar o mundo que me cerca. No entanto, no centro do meu mundo, eu estou. Eu sou. Não se trata de uma visão egoica, doença da personalidade. Não, é só uma questão de posicionamento. Tudo o que conheço, inclusive de mim, é partido do eixo que ocupo. Eu estou no centro do mundo, e você também está, pois o centro do mundo é onde cada um de nós está posicionado. É a partir desse ponto que eu me vejo, que você se vê.

É a partir desse ponto que eu me leio, me interpreto, me compreendo e, quando possível, me desvendo. E eu me desvendo através de meus horizontes, mas também dos outros. Sim, é possível ver-me pelo espelho dos olhos de quem cria a minha ambiência afetiva.

E, embora me diga respeito, neles há uma percepção de mim que não me pertence. Os outros me olham a partir de seus filtros, de seu centro de mundo. E isso é bom e ruim: podem me conceder uma visão inédita do eu que realmente sou, pois veem o que não vejo, ou podem me conceder uma imagem equivocada, impondo-me, por meio de sua autoridade afetiva sobre mim, um ser que não sou.

Tenho prazer em viajar por mim. Ousar saber-me, aventurar-me no desvelamento possível do mistério que sou, desvelar as regras de meu estatuto pessoal, aconchegá-las numa experiência de compaixão e lealdade. Compaixão, porque preciso ser a minha primeira instância de socorro; lealdade, porque preciso ser a minha primeira instância de amor e amizade.

Pois bem, ao assumir a ousadia do verbo *ser*, adentro naturalmente o emaranhado sinuoso do autoconhecimento. Eu nunca o faço sem retirar do farnel de minha sobrevivência a pergunta que antecede todas as outras: *é possível saber quem sou?*

A resposta não é tão simples. A questão do *ser* atravessou séculos e séculos de história e ainda hoje continua sendo discutida. Ela sempre esteve presente, despertando a curiosidade de muitos, instigando pensadores sofisticados, mas também estimulando o senso comum. A dúvida acerca do *ser que somos* foi amplamente discutida a partir de diferentes abordagens, diferentes métodos, sob o enfoque de distintas curiosidades.

Antes, quando o conhecimento humano não estava compartimentado em múltiplos saberes, a questão do *ser* já orbitava o centro do interesse humano. E tudo derivava dele. Com o advento das especializações, ele foi recebendo novas abordagens, passando a ser submetido ao esquartejamento conceitual que permitiu o avanço de muitas descobertas sobre nós.

No entanto, este livro não pretende fazer um recuo histórico sobre o desenvolvimento da epistemologia[5] do *ser*. Ele é fruto de um desejo menor. Nós nos limitamos a propor uma reflexão sobre o *ser que somos* a partir do conceito que comumente chamamos de *eu*. Para isso, traremos alguns momentos da história da questão que consideramos importantes.

---

5. Epistemologia, ou teoria do conhecimento, é o ramo da filosofia que estuda os fundamentos e os métodos do pensamento científico e filosófico.

Embora só estejam sendo publicadas agora, estas páginas não são novas. Elas nasceram logo após o lançamento do meu livro *Quem me roubou de mim?*.[6] Se nos permite estender um pouco mais sobre o processo criativo que resultou nesta obra que você tem nas mãos, queremos falar de um episódio que foi importante para a sua feitura. Eu estava conversando com Mauro Palermo, editor com quem trabalhei durante o tempo em que editei meus livros com a Editora Globo. Falávamos sobre novos projetos, prazos. Foi então que contei a ele do meu interesse em escrever um livro cujo título seria *Quantos eus que não são meus?*.

Contei que pretendia abordar as instâncias temporárias ou definitivas que nos negam, refletir sobre os processos que nos despersonalizam, alienam, levando-nos a assumir posturas e papéis que não coincidem com o que identificamos como centro de nossa verdade. Foi então que ele me pediu um minuto, levantou-se e saiu da sala. Quando voltou, trouxe-me um livro com um título muito instigante: *Quem sou eu, e, se sou, quantos sou?*, de Richard Precht.[7] Ele me deu aquela obra e me recomendou sua leitura, pois considerava que poderia clarear ainda mais o tema do meu projeto.

Não era uma coincidência. Aliás, tenho observado uma costura sutil que o universo vai fazendo toda vez que nos interessamos por algum assunto. É como se, de repente, tudo

---

6. Primeiro publicado pela Editora Canção Nova, atualmente é publicado pela Editora Planeta.
7. Richard David Precht, nascido em Solingen, na Alemanha, em 1964, é um filósofo e autor de livros de ciência com alcance popular sobre questões filosóficas.

o que diz respeito ao nosso interesse passasse a caminhar na nossa direção. Uma confluência misteriosa que vai nos oportunizando ampliar o nosso conhecimento acerca das questões que nos interessam.

Por conta da vida excessivamente dispersa que eu tinha naquela época, não iniciei a leitura do livro. Continuei com o meu projeto, escrevia de vez em quando, anotava ideias que poderiam gerar uma boa reflexão, mas tudo sem ritmo, ainda sem definição, pois não dispunha de um tempo qualificado para escrever e ficar satisfeito com o resultado.

Uns cinco anos depois, quando já nem estava mais trabalhando com a Editora Globo, prestes a sair para uma rara semana de folga, fui à minha biblioteca buscar um livro. Sim, o descanso que mais prezo é aquele que faço lendo, ampliando a consciência, estimulando a mente, o conhecimento e a sensibilidade. Encontrei o livro e o levei comigo.

Tão logo comecei a leitura, a necessidade de retomar o antigo projeto foi reacendida, mas mostrou, imediatamente, que havia uma questão fundamental que eu precisaria tocar, estudar, antes de chegar ao ponto de onde eu tinha partido. O livro do Richard me colocou diante de uma questão que antecedia as minhas questões, uma abordagem, ainda que de forma introdutória, que eu precisava fazer: a neurociência.[8]

No projeto inicial, pretendíamos fazer a reflexão do *eu* a partir da filosofia e da psicologia. O nosso desejo era refletir

---

8. Neurociência é um ramo do conhecimento científico que tem como objeto de estudo o sistema nervoso. A neurociência ganhou caráter interdisciplinar, pois contribui com muitos campos do saber, como filosofia, psicologia, educação e outros.

sobre o grande desafio que é viver a fidelidade ao ser quem somos, ressaltando o risco que é assumir *eus* impostos que não convergem com o ser que substancialmente somos.

O contato com o livro de Richard Precht abriu os meus horizontes de maneira considerável. Ele me permitiu dar um passo atrás, descer alguns degraus da escada do tema, descobrindo que havia uma questão imprescindível para que uma abordagem sobre o *eu* fosse mais abrangente e responsável.

Foi então que percebemos que seria enriquecedor nos apropriar dos embates que a neurociência estabeleceu com a psicologia e, de maneira especial, com a filosofia, trazendo-os para ampliar ainda mais nosso horizonte de visão. E aqui estamos. Desafio posto, desafio aceito.

A neurociência, embora ainda esteja tateando a questão, já deixou dúvidas o suficiente para não continuarmos fazendo as afirmações que fazíamos no passado. Sim, ela pode não ter resolvido a questão, oferecendo-nos respostas definitivas, mas já permeou significativamente de dúvidas as antigas convicções. E, ainda que optemos por seguir sem desconstruir os velhos paradigmas estabelecidos sobre o eu, teremos de fazê-lo conscientes do que diz a ciência que se esmera por compreender o funcionamento do nosso cérebro, casa do pretenso *eu*.

Embora o livro de Richard Precht seja muito didático, ele se mostraria excessivamente exigente para quem não tem formação filosófica. Por isso, numa tentativa de não enveredar pela mesma complexidade, queremos tomar a liberdade de fundamentar nele esta parte introdutória, trazendo a questão do *eu* sob o enfoque da neurociência e seu embate com a filosofia e a psicologia.

Além das informações concernentes à neurociência e sua articulação com a temática do eu, descobrimos em Precht algumas particularidades sobre alguns filósofos que os manuais de filosofia não apresentam, histórias pitorescas que certamente foram recolhidas pelo autor numa bibliografia paralela, menos ortodoxa.

Embora tenhamos encontrado nele uma boa fundamentação filosófica, nós não nos limitamos aos filósofos por ele citados na construção do que ele considerou ser a linha do tempo por onde a reflexão do *eu* transitou.

Fizemos outras conexões que consideramos válidas, pois o nosso desejo é abrir ainda mais o tema, deixando-o permeável, pronto para receber as contribuições das inúmeras searas do conhecimento humano, salientando sua natural vocação interdisciplinar, mantendo-o aberto, inclusive para você, meu caro leitor, minha cara leitora, que também poderá acrescentar suas impressões.

O título da obra de Richard Precht é muito instigante. Segundo o próprio autor, ele foi concebido numa experiência casual e despretensiosa. Depois de um encontro com o amigo Guy Helminger,[9] em que ambos já desfrutavam da leveza provocada por um bom vinho, caminhando pelas ruas, Guy perguntou a Richard: "Quem sou eu, e, se sou, quantos sou?". A pergunta revestida de fina e delicada poesia provocou

---

9. Guy Helminger, escritor nascido em Esch-sur-Alzette, Luxemburgo, em 1963.

no filósofo um assombro metafísico, uma curiosidade que resultou na obra cujo conteúdo é fascinante e revelador.

Pois bem, o assombro se desdobrou sobre mim. Após a leitura, encontrei tempo para retomar estas páginas. Confesso que elas foram sendo geradas aos poucos dentro de mim. Sim, como dissemos anteriormente, eu já existia nos meus desejos. Ainda não havia escrito muita coisa, mas já convivia com esta obra, pois, antes de se ganhar a carne da palavra, o livro é uma experiência silenciosa que levamos em nós.

Há muito a questão do *eu* motiva a minha curiosidade. Vejo nesse interesse uma estreita articulação com o princípio evangélico que me move: "conhecereis a verdade, e a verdade vos libertará" (João 8,32).

É a partir do conhecimento que tenho de mim, de tudo o que minha razão me permitiu assimilar e interpretar, que posso me libertar de condicionamentos, hipocrisias, vícios que dificultam meu amadurecimento emocional. É pelo autoconhecimento que chego ao conhecimento do Deus que me habita. Não existem dois caminhos: um que me faça chegar a Deus, outro que me faça chegar a mim. A via é a mesma. É conhecendo-me que conheço Deus. É conhecendo Deus que me conheço.

As questões humanas são naturalmente religiosas, pois, quando refletidas, podem nos ajudar a reatar as pontas que a vida rompeu, que os relacionamentos puíram, que o tempo desgastou. Não posso conceber que um discurso religioso seja construído sem considerar as questões humanas. A religião só é frutuosa quando nos desperta para reordenar o que em nós é caótico.

A espiritualidade, desdobramento natural da religião bem vivida, é uma expressão sensível da realização humana. Onde existir um ser humano realizado, ali Deus estará plenamente manifestado. A elevação espiritual também se alcança quando submetemos os nossos comportamentos aos processos terapêuticos, curando feridas, traumas, reinterpretando fracassos.

Os exercícios de autoconhecimento são formas diferenciadas de oração, pois são momentos místicos que nos colocam diante de Deus e, consequentemente, diante de nós mesmos. É nessa busca incessante de saber quem somos que a realização se torna possível.

A felicidade, uma das expressões da realização, não costuma sorrir aos que não se conhecem. É preciso clareza existencial para que o contentamento nos acompanhe. "Mas o autoconhecimento não é fonte de conflito?", você poderia me perguntar. Sim, porém o conflito que nasce dele gera vida, entendimento, harmonia pessoal que se desdobra nos relacionamentos que estabelecemos, ao passo que a alienação nos torna um peso para nós e para os outros.

Portanto, é assim que me experimento todos os dias. Eu vivo a procurar por mim. Incansavelmente. Sou afeto a colocar atenção na maneira como penso, reajo, sinto e falo. Não gosto de perder a oportunidade de me entender, de atar as pontas que me proporcionam um viver mais coerente, menos reativo e mais refletido.

É na experiência cotidiana que me desdobro. O existir humano é sempre contextualizado. Estou sempre envolvido e influenciado por fatos, pessoas, situações. Eu desempenho o meu protagonismo humano amparado pelo tempo e pelo espaço. Como assertivamente sugeriu Ortega y Gasset,[10] "eu sou eu e minhas circunstâncias". Minha natureza é porosa, absorve – ainda que eu não queira – a parte da totalidade do estreito retalho de mundo em que vivo. E, embora limitada, minha experiência sensorial me alinhava à vida, ao universo, dando-me o deleite de saber-me *eu*, ainda que, para refletir sobre essa sensação, eu disponha de pouco amparo racional, parcas justificativas.

Eu sei que *sou*, mas não posso dizer muito sobre os caminhos racionais que me fazem entender essa percepção. No *eu sou* estão arregimentadas percepções que conquistei ao longo de minha existência. Olho para o já vivido e sou naturalmente envolvido pela convicção de que *fui quem sou*. Percepção que se modifica de acordo com os tempos verbais que compõem o mosaico construído por mim. Eu *fui*, eu *sou*, eu *serei*. O *eu sou* é conjugável, pois traz em si a maleabilidade que o torna cronológico, capaz de ambiguidades, múltiplas versões, mas todas elas alinhavadas a um centro que não faz acordo com os fatores que o negam. Em todos os tempos, há a prevalência de uma convicção de que existe uma essência sobrevivente, um ponto do qual emano, de onde nasce todo movimento que me define, que me permite ser, que me

---

10. José Ortega y Gasset, nascido em 1883, em Madrid, na Espanha, foi um ensaísta, jornalista e ativista político, fundador da Escola de Madrid. É considerado o maior filósofo espanhol do século XX. "Eu sou eu e minhas circunstâncias" é um conceito que aparece no pensamento do filósofo, sobretudo nas obras *Meditações do Quixote* e *O tema do nosso tempo*.

situa existencialmente, que me diferencia, que me aparta de tudo o que identifica como *não eu*.

Sinto-me, experimento-me como uma alteridade que se caracteriza como *totalmente outro*. Não sou *aquele* nem *este*. Sou *eu*. Sei me diferenciar, sei decodificar meu rosto, meus gostos, meus elementos intrínsecos, minha idiossincrasia. No entanto, sobre esse *ser que sou*, que tanto me é nítido perceber, nem sempre posso explicar ao outro. Eu sou, sem *dúvidas*, mas não sei *explicar*.

O meu conflito é universal. É certo que você também experimenta esse dilema conceitual. Há muitas controvérsias em torno da capacidade humana de chegar ao conhecimento do *eu*. Correntes filosóficas asseguram que o *eu* não passa de uma ilusão, uma vez que não pode ser explicado racionalmente. A neurociência, que grande contribuição tem dado ao entendimento do funcionamento cerebral, também se divide quando o assunto é encontrar na mente onde o *eu* se localiza.

Não é possível mapear o cérebro para precisar em que local de nossa enigmática massa cinzenta se encontram as combinações nervosas que hospedam a consciência de nossa identidade. Outro conceito bastante complexo, pois gera muitas divergências, é o de *consciência*. Qual a compreensão que mais pode amparar as nossas compreensões?

Pois bem, não é nossa intenção aprofundar o tema. Nós nos limitaremos a fazer uma breve referência a duas abordagens que consideramos chaves de leitura sobre a consciência: a psicanálise e a moral cristã.

De acordo com a psicanálise, a consciência é a função de um sistema específico do funcionamento psíquico, que tem como responsabilidade nos ajudar com a percepção do mundo exterior, com o entendimento de sentimentos e processos pré-conscientes. Já a moral cristã compreende a consciência como uma espécie de tribunal, em que a razão julga a prática humana, sempre oferecendo um discernimento entre o bem e o mal.

Veja bem, não importa qual seja a definição que mais nos agrada. Creio que todos nós já fizemos uma síntese das muitas abordagens que chegaram até nós. O fato é que lidamos com a consciência, sabemos ler os seus sinais, compreender os seus apelos. A consciência tem muitos nomes. Às vezes, de maneira confusa, a chamamos de alma, espírito, coração. Sim, romanticamente afirmamos: "O meu coração me diz que não devo fazer isso". Denotamos que já passamos a nossa ação por uma instância que é capaz de estabelecer um juízo de valor. Ou então: "Estou com a consciência pesada". Aludimos ao funcionamento de um tribunal íntimo, capaz de lavrar sentenças, condenar ou absolver.

São diferentes formas de dar nome ao mesmo mistério. A partir de nossa experiência moral diária, podemos dizer que o conceito de consciência está intimamente estabelecido em cada um de nós. Em alguns, de forma mais complexa e elaborada; em outros, de forma mais simples, sem muitos fundamentos. Mas por que levantamos a temática da consciência? Simples. Só para demonstrar o quanto alguns conceitos nos habitam, lidamos naturalmente com eles, mas nos falta a formulação teórica, caso alguém nos interrogue sobre eles. Assim é com o *eu*, assim é com a *consciência*. Sabemos que *existem*, mas não sabemos precisar *como existem*.

O fato é que a curiosidade nos move. A mim sempre interessaram as questões que ultrapassam o entendimento que a nossa limitada razão nos proporciona. É claro que nunca abro mão dos pressupostos já alcançados pelas ciências. Elas já nos legaram grandes contribuições. A partir delas podemos alçar voos cada vez mais profundos na direção de um desvelamento que nos permite abarcar o mistério da condição humana, mas sem a pretensão de resolvê-lo. A mística da dialética, se assim podemos dizer, é manter-nos vivos e perguntantes, atentos para que as perguntas sejam pertinentes. E também conscientes de que nem sempre respostas para nossas perguntas estarão à nossa espera.

Como já dizia o escritor Llyod Alexander[11] através de seu personagem Dallben, no romance *As aventuras de Prydain*: "muitas vezes a procura pela resposta é mais importante do que a resposta em si".

Dallben é um mágico sábio que pretende explicar a Taran, um porqueiro-assistente, como são tortuosos os caminhos que nos levam à conquista da verdade. O tema da série se baseia na mitologia dos Gales, de maneira particular o Mabinogion.

Na história, a questão a ser buscada é o sentido da vida. O menino está necessitado de descobrir um motivo para seguir adiante. Dallben resolve dar a ele, então, o conforto da

---

11. Lloyd Chudley Alexander, escritor americano, nascido na Filadélfia, nos Estados Unidos, em 1924, deixou enorme contribuição à literatura infantojuvenil.

dialética, que é justamente o método de conhecimento que sempre procura harmonizar os opostos das questões. O jovem vivia assombrado pela pergunta "quem sou eu?". O velho mágico, já estando experimentado pelo tempo, sabe muito bem que é mais importante aprender a conviver com a pergunta do que respondê-la.

A dúvida mantém viva a dialética. A dúvida nos move, todos os dias acende em nós o desejo de seguir adiante. Ela nos ensina o frutuoso convívio com a pergunta. É convivendo com o questionamento que identificamos se ele já está devidamente elaborado. Sim, é muito comum que nos equivoquemos na formulação das perguntas. Sendo assim, ficamos apartados das respostas, justamente porque ainda não acertamos a formulação.

A minha curiosidade me posiciona diante das questões humanas com reverência e honestidade intelectual. Não tenho a pretensão de profanar o mistério que as envolve, mas também não quero me privar de sondar racionalmente o que delas posso acessar e conhecer.

Confesso que não sei precisar o que entendo quando uso o pronome "mim". A linguagem que me permite falar com o mundo quase nunca alcança o que pretendo dizer. O *eu* que se desdobra no *mim* é uma realidade que experimento sem saber explicar.

Se fosse aluno de Wittgenstein,[12] certamente seria reprovado por ele. Para o grande mestre austríaco, a linguagem

---

12. Ludwig Wittgenstein foi um importante filósofo nascido em 1889, em Viena, na Áustria. O cerne de sua reflexão foi a linguagem. Deixou grande contribuição para a história do pensamento ocidental.

só era válida quando construída a partir de uma precisão que pudesse captar e descrever a realidade de modo objetivo.

O *eu* a que me refiro não é totalmente objetivo. Não posso esquartejá-lo a partir de uma linguagem de precisão. Ainda que tenha elementos racionais postulados pela neurociência, psicologia, sociologia e outras formas de conhecimentos que nos aproximam da essência humana, ela sempre escapará do meu controle racional.

Se fosse seguir o que postulou Wittgenstein na obra *Tractatus Logico-philosophicus*, nem mesmo a pergunta "quem sou eu?" poderia ser feita. Ele priorizou tanto a sua coerência com o que compreendeu como *precisão da linguagem* que chegou a sugerir o silêncio como via para não incorrer no erro. Para ele, o que está passível de ser dito deverá ser dito de maneira clara. E, sobre o que não está passível de ser dito, resta-nos o silêncio.

E como podemos nos calar diante da necessidade de saber, ainda que precariamente, sobre o mistério que somos?

O que Wittgenstein propôs é inumano. Esbarramos diariamente nas necessidades sociais da compreensão. E tudo o que precisamos compreender passa pela linguagem. É a partir dela que estruturamos o nosso mundo pessoal e coletivo. Mesmo que a objetividade linguística não seja possível, considerando que não é sempre que estamos lúcidos e esclarecidos sobre as questões que nos envolvem, a nossa imprecisão também pode abrir caminhos para esclarecimentos futuros. É sob as imposições da imprecisão da linguagem que tateamos a verdade.

O olhar que lanço sobre mim, que também é uma forma subjetiva de linguagem, prepara caminhos que poderão me fazer chegar ao autoconhecimento que tanto almejo. Portanto, é inegável que há um entendimento coletivo que nos amarra a um significado toda vez que escutamos a expressão "eu sou".

Mesmo que nos falte a precisão racional para dizer o que entendemos quando a ele recorremos, estamos visitados por um sentimento que nos revela, sem rodeios ou dificuldades, o que ela quer nos dizer.

Eu sei que você concorda com o que acabamos de argumentar. Estamos certos de que você também experimenta um entendimento afetivo quando se depara com a expressão "eu sou". E, ainda que não saiba dizer, a partir de uma linguagem de precisão, tem consciência do quanto a expressão é viva, capaz de comunicar um significado.

Pois bem, como já pudemos ver, a pergunta que se antecipa ao tema deste livro é inevitável: é possível conhecer o *eu que somos*? Podemos falar do *eu* e de seus desdobramentos sem o perigo de desaguar num discurso sem fundamento racional, ingênuo e infundado?

Para chegarmos a essas respostas, seria necessário fazer um recuo epistemológico, adentrar o coração das especulações filosóficas acerca das abrangências e possibilidades do conhecimento humano, perguntas que antecedem a questão que propomos.

O que é possível à razão humana conhecer? Por quais caminhos podemos acessar a verdade? Um pouco mais profundamente, o que é a verdade?

Além da especulação filosófica, ainda precisamos buscar as contribuições que a neurociência já pôde nos oferecer. Então, munidos desses elementos, poderemos adentrar o mistério de nossa condição, buscando cada vez mais lançar luzes sobre a nossa identidade.

Conhecer é delimitar um espaço para o encontro. Essa delimitação, porém, não significa restringir o alcance do conceito ou da realidade. Pelo contrário. A delimitação inicial facilita o olhar de perto, o ver com detalhes a realidade que queremos conhecer. Depois, descobrir as aberturas que podem nos colocar diante de outros múltiplos entendimentos.

É interessante e sugestivo compreender o verbo "entender" como *entrar na tenda*. Entro na tenda do outro para entendê-lo melhor. Ou então entro na tenda do conceito, isto é, na casa da palavra, para entender com mais abrangência o que ela me sugere.

É o que pretendemos. Entrar na tenda do *eu*, sondar com profundidade o seu significado. E, a partir do que encontrarmos sobre ele, voltar os olhos para nós mesmos, ver o *eu que se é* e facilitar a identificação dos *eus que não somos*. Assim, com as afirmações e negações que nos constituem, estabelecer uma meta de vida que só comporte a verdade, o compromisso de nunca permitir que nossos dias sejam preenchidos com uma representação caricata de nós mesmos.

A filosofia está no antes de tudo

As questões pertinentes à capacidade humana de conhecer são fascinantes. Somos, no mundo que conhecemos, os únicos seres capazes de descobrir, conceituar, criar, instrumentalizar e atribuir sentido ao mundo que nos cerca. O desenvolvimento científico-tecnológico promovido ao longo da história humana comprova essa atribuição específica de nossa condição. Somos seres de razão. É a partir dela que estabelecemos nossa relação com o mundo que conhecemos, mas também com as realidades que nos transcendem.

Mas não vamos nos enveredar pelos instigantes labirintos das atribuições específicas do ser humano. O assunto é extenso e fecundo. Por ora, nos limitaremos a uma abordagem breve sobre a questão. Sendo assim, podemos despertar a atenção do leitor para uma leitura específica sobre o assunto. Neste momento, estando aqui porque se interessou pelo título deste livro, o que você pretende, pelo que intuo, é se aventurar a conhecer um pouco mais sobre o *eu* que *é*.

Capaz de desvendar e compreender o mundo físico que o sustenta, o ser humano é conduzido, de forma inevitável, às questões pertinentes ao mundo que não vê. Por sermos afeitos e capazes de adentrar conceitos que ultrapassam o que empiricamente[13] podemos conhecer, dizemos que somos metafísicos,[14] isto é, capazes de ir além do que é físico, palpável, possível de ser materialmente dissecado.

A experiência humana nos confirma: a concretude material da realidade não nos basta. Nossa intuição nos pede que ultrapassemos o limite do que os olhos alcançam. Carecemos entender e acomodar em nós as transcendências da vida. Contudo, essa forma de pensar só é possível porque foi elaborada a partir da herança filosófica ocidental que recebemos. A forma como pensamos e interpretamos a vida que temos não é fruto do acaso. Somos o resultado de uma construção epistemológica que teve início na mitologia grega. Tanto é verdade que, de vez em quando, é comum encontrar resquícios do conhecimento mitológico em nós. O que foi a mitologia? Uma elaboração racional possível ao ser humano daquele tempo. Um conjunto de narrativas que tinha como objetivo oferecer um conforto conceitual aos que já se sabiam humanos, mas ainda eram incipientes no conhecimento das questões que os envolviam.

A mitologia grega está na base da cultura ocidental. Podemos dizer que ela é a infância do conhecimento científico. As narrativas míticas se ocupavam das origens do mundo e também se debruçavam sobre a maneira como as pessoas viviam, sempre inseridas num misto de aventuras e desventuras de deuses que padeciam das mesmas paixões que nós.

---

13. Conhecimento empírico é o que resulta da prática, da experiência, e não da teoria.
14. Conhecimento metafísico é o que extrapola a prática, a experiência, e que vai além do que é físico.

Essa mitologia foi expressada com profundidade na cultura, nas artes e na literatura. É insondável o conjunto de influências que ela deixou para a cultura ocidental.

Joseph Campbell,[15] um dos maiores especialistas de mitologia dos nossos tempos, compreendeu o mito como uma poderosa narrativa cujo principal objetivo era conduzir o espírito humano. Para ele, essa condução provocava uma expansão da consciência, um desejo cada vez mais profundo de alcançar o coração da verdade, o verdadeiro sentido da existência humana. É óbvio que a leitura que Joseph Campbell fez da força da narrativa mítica não é a mesma dos que protagonizaram o momento histórico do surgimento das narrativas. Joseph Campbell já interpreta o todo da mitologia a partir do avanço das ciências humanas. O que ressaltamos no posicionamento dele é sua perspicácia em retirar dos mitos sua aura ingênua, infantil, reconhecendo neles um imprescindível instrumental para a conquista de um saber mais elevado.

A partir de Joseph Campbell, podemos dizer que o mito é um caminho favorável à descoberta que todo ser humano precisa fazer de si, do outro e do mundo. Dessa forma, seria imprudente dizer que os mitos se limitam a ser elaborações fantasiosas da realidade. Embora sejam fortemente marcadas pelo sobrenatural, visto que nasceram

---

15. Joseph John Campbell, nascido em White Plains, nos Estados Unidos, em 1904, foi um mitologista, escritor, conferencista e professor universitário que deixou grande contribuição à mitologia. No livro *O herói de mil faces*, ele demonstra que, em todos os mitos, lendas e histórias, há uma estrutura comum. A essa estrutura ele chamou de "monomito", ou seja, o mito primário.

de visões religiosas da realidade, as narrativas são prenhes de significados. Esses significados foram se desdobrando, lançando raízes de onde, mais tarde, veio brotar a filosofia, que é uma elaboração que o ser humano fez da realidade fundamentado nos recursos da razão.

Vale ressaltar que a compreensão mítica da realidade foi importantíssima para que a filosofia florescesse no intelecto humano. Como já dissemos, embora estejamos consideravelmente iluminados pelos avanços do conhecimento humano, a mitologia continua contribuindo muito com a humanidade no seu processo de autocompreensão. A linguagem metafórica, linguagem por excelência da mitologia, favorece sobremaneira na elaboração de premissas e pressupostos das inúmeras ciências humanas.

Em que momento a Grécia deixou de ser berço das elaborações fantasiosas que ganharam o mundo para se tornar berço da reflexão que também ganharia o mundo com a mesma intensidade?

Pois bem, podemos dizer que o primeiro movimento dessa mudança se dá com o que chamamos de período pré-socrático. Vale ressaltar que a filosofia não começou *metafísica*, isto é, ocupando-se de forma racional de questões que tocavam a imaterialidade da vida, como sentido, amor, liberdade, virtudes, paixões, ética, valores. Essas questões já estavam presentes nas narrativas míticas, mas sempre pensadas a partir da religiosidade que prevalecia naquele tempo. Os conflitos humanos eram refletidos à luz dos conflitos e paixões dos deuses. Não servindo à razão o que até então estava apresentado nas narrativas míticas, surgiu a definitiva e fiel amiga do ser humano: a filosofia, isto é, o amor à sabedoria.

Do mito à filosofia tivemos um longo período que nem ousamos precisar, porém sabemos que a curiosidade filosófica foi despertada na necessidade de se compreender racionalmente a origem do mundo. A mitologia já não era capaz de saciar a sede racional de respostas.

Os filósofos que são chamados de pré-socráticos, ou naturalistas, queriam desvendar a origem do mundo. Seus escritos e reflexões gravitavam em torno da natureza enquanto realidade primeira, fundamental. O escopo especulativo era a origem do mundo, um olhar sobre um princípio original que pudesse explicar os fundamentos do mundo criado.

Essa especulação prevaleceu durante muito tempo, mas não sabemos precisar em que momento a curiosidade filosófica se desprendeu da materialidade do mundo e passou a sondar as questões que hoje compreendemos como *metafísicas*.

Primeiramente, é importante esclarecer melhor esse conceito. Segundo a ideia mais difundida no contexto filosófico, o termo "metafísica" foi criado por Andrônico de Rodes,[16] um peripatético,[17] aluno de Aristóteles,[18] que, ao se

---

16. Andrônico de Rodes, nascido em 60 a.C. na cidade de Rodes, na Grécia, foi um filósofo grego.
17. Peripatético é uma palavra de raiz grega que significa itinerante. O termo tem origem no hábito de Aristóteles de dar suas aulas ao ar livre, andando com seus alunos. Por essa razão, seus discípulos são chamados de peripatéticos.
18. Aristóteles, filósofo nascido em 384 a.C., em Estagira, que na época pertencia à Macedônia, foi um dos mais importantes colaboradores da história do pensamento ocidental.

dispor a fazer a primeira compilação sistemática dos escritos de seu mestre, notou que havia uma separação temática sugestiva. Oito obras tratavam da Física. Sim, Aristóteles também se debruçou filosoficamente sobre a origem do universo. No entanto, existiam catorze obras cujo conteúdo ultrapassava a reflexão sobre a materialidade que compõe o mundo. Elas abordavam questões como virtudes, Deus, a verdade, a justiça, a bondade. A esse segundo conjunto da obra de Aristóteles, Andrônico classificou como *metà tà physiká*, isto é, metafísica, os que estão depois da física.

Portanto, a história do pensamento ocidental, nesse período inicial, pode ser assim dividida: *antes e depois* de Aristóteles. É a partir dele que temos o florescer da reflexão que hoje nos permite investigar a condição humana. Aristóteles catapultou a investigação que colocou o mistério humano no centro dos interesses acadêmicos.

A filosofia nasceu, cresceu e permaneceu durante séculos como um saber que abarcava todas as áreas do conhecimento humano. À medida que a humanidade foi avançando, evoluindo e aprimorando a sua percepção da realidade, o saber filosófico foi se desdobrando em outros saberes especializados, chegando às inúmeras ciências que hoje conhecemos. A filosofia se apresenta como mãe de todo saber. O conhecimento filosófico partejou os outros conhecimentos específicos. É de seu ventre que partem as interrogações que geram a curiosidade que nutre e faz o conhecimento específico ganhar corpo e avançar. Ela funciona a partir de perguntas que antecedem as perguntas dos saberes específicos.

A filosofia é inerente à condição humana. Em cada um de nós, salvaguardando os estímulos que recebemos, reproduzimos a história da filosofia em nossas fases da vida. Tão logo tomamos consciência do mundo, brota em nós o desejo de compreender a realidade que nos cerca. É a fase dos porquês. E, também salvaguardando os estímulos que recebemos, naturalmente somos conduzidos às interrogações existenciais que a vida se encarregará de nos fazer. As questões humanas pedirão o colo da adoção, o batismo do nome, o conforto da identificação. A morte, as perdas, os medos, as esperanças, as alegrias, o bem, o mal, todos os desdobramentos do ser que somos, e das realidades que o fundamentam, ficarão à espreita, desejosos de que nossa razão lhes conceda a vestimenta do entendimento.

Somos necessitados e dependentes de sentido. Não suportamos o caos que a ausência de significados escava em nós. É muito simples compreender isso. A morte de uma pessoa, por exemplo, gera profundo desconforto emocional naqueles que a amavam. A ausência desconstrói o mundo que até então fazia sentido. Um caos se estabelece. É natural que o luto desencadeie sentimentos contraditórios. É muito comum ver pessoas que necessitam vivenciar o luto se apegando ciosamente à fé em Deus. Também é comum ver outras descambando em absoluta descrença. Fé e descrença são respostas naturais diante do caos, da ausência de sentido. A forma como respondemos aos conflitos existenciais está intimamente ligada à história que vivemos, aos estímulos que recebemos. Todo ser humano é afeito à construção de significados. Nós temos a necessidade de compreender e dar nome ao que sentimos e pensamos. E isso é filosófico. As perguntas irrompem naturalmente em nós, a existência nos afeta. Tudo o que vivemos, ou tudo o que presenciamos o outro viver, atinge-nos, toca-nos, interpela-nos. Ser tocado pela dúvida que desencadeia a reflexão é viver os assombros filosóficos. Esses assombros podem durar dias, meses, anos. Podem durar uma vida inteira. São eles que nos mantêm vivos, que geram e alimentam o elã vital, a força que nos prende à vida.

De todos os assombros que encontramos, para mim, o *eu* continua sendo o mais instigante. Para que a nossa reflexão ganhe ainda mais propriedade e fundamento, convido você, nobre leitor, nobre leitora, a conhecer, ainda que de forma incipiente, o que a neurociência tem a dizer sobre a questão do eu. Somente depois passaremos ao pensamento de alguns ilustres personagens da história que se dedicaram à insondável dimensão filosófica do eu.

Onde mora o eu?

Tenho formação filosófica. Aliás, a filosofia foi a primeira grande descoberta acadêmica da minha vida. Costumo dizer que me tornei outro após cursar a faculdade. Ou me tornei quem eu deveria me tornar, para usar uma linguagem alinhavada à proposta deste livro. A partir do conhecimento filosófico, pude ressignificar a literatura (minha eterna paixão), as artes, a fé. Posso dizer que, depois de me enveredar pelos caminhos da filosofia, assumi uma nova forma de ser e estar no mundo. Um novo *modus operandi* que considero muito válido. Depois de enveredar pelas páginas da história do pensamento ocidental, passei a ter chaves de leitura que me permitem adentrar, ainda que só para apreciar em silêncio, qualquer área do conhecimento humano.

Digo com convicção: o conhecimento filosófico é um alicerce necessário para toda pessoa que desejar entender com mestria a área de conhecimento que escolheu para se especializar. E não é sem motivo. Como dissemos antes, a filosofia está no *antes de tudo*. Se temos o direito, enquanto disciplina que estabelece leis e cria mecanismos de interpretação para que sejam aplicadas em prol do bem social, temos necessariamente a *filosofia do direito*, que é um saber que se ocupa dos porquês do direito. Um saber que antecede as leis, as jurisprudências, o jargão, os recursos jurídicos, enfim, tudo aquilo que faz parte do acervo acadêmico que compõe a disciplina e, depois, o exercício do ofício. A filosofia do direito se ocupa do porquê de o direito ser feito dessa ou daquela forma. Esse porquê vai questionar não só a validade do pensamento jurídico, como também vai contextualizar a formatação da disciplina no tempo e no espaço. A filosofia é naturalmente hermenêutica, isto é, interpretativa. É de sua alçada submeter as realidades ao crivo da interpretação que forja o entendimento. É por ser um movimento naturalmente humano, visto que somos necessitados de sentido, que qualquer área de conhecimento tem um antes filosófico que nos permite adentrar, questionar e compreender o processo pelo qual ela se forma.

A questão do *eu*, porém, que nasceu e foi batizada nas águas da filosofia, acabou sendo colocada pela modernidade nos braços da neurociência. Na contemporaneidade, a pergunta sobre o que podemos conhecer a respeito de nós mesmos tem muito mais conexões com a neurociência do que necessariamente com a teoria do conhecimento, seu berço filosófico inicial.

A neurociência tem sido muito eficaz na elaboração de um aparato intelectual que nos permite o acesso ao mistério que somos. É claro que a filosofia continua no âmbito da investigação, mas ela se apresenta muito mais como uma conselheira, uma pedagoga que oferece à neurociência instrumentais para sua autocompreensão e, claro, continua demonstrando genuíno interesse pelo *eu* em si.

Tenho sido muito instigado a entender o funcionamento dos nossos processos cerebrais. Sim, toda vez que falo do eu, naturalmente me remeto àquilo que compreendo como um centro de decisões que parece exercer comando sobre todo o restante. No entanto, é correto pensar assim? Faz sentido estabelecer um trono de comando onde se assenta o todo-poderoso eu?

Não se trata de uma resposta simples, pois ainda há uma pergunta imprecisa e muito caminho pela frente para que essa complexidade nos pareça mais acessível. O fato é que nossa linguagem demonstra o quanto somos afeitos a pensar no *eu* como uma estrutura comandante. Ao dizer "machuquei o meu braço", dou a entender que há algo em mim que é proprietário do braço. No entanto, não sou eu tanto braço como perna? Um todo que se organiza para funcionar sob o mesmo estatuto?

Pois bem, a linguagem nos coloca numa perspectiva interessante. E não pretendemos ficar girando em torno dessa dúvida. Melhor é aquiescer ao que já nos foi dado pelo conhecimento científico. Somos dotados de uma estrutura cerebral que gerencia o nosso organismo como um grande e complexo funcionamento. Portanto, por ora nos limitamos a pensar sobre a soberania do cérebro com relação à ideia de que podemos ter do eu. Sim, se há um lugar que pode ser a casa do *eu*, esse lugar é o cérebro.

Sobre isto já não resta dúvida: o cérebro é o centro de comando do nosso corpo. Se algumas conexões nervosas que são responsáveis pelos movimentos das pernas deixarem de ser irrigadas, ficamos paraplégicos. É do cérebro que partem os comandos da ação de todos os membros do corpo. Nele se dá o processo mental, que também integra o pacote misterioso de nossa condição humana.

Toda vez que evocamos o significado da mente, é natural nos reportarmos às faculdades responsáveis pelo pensamento, entendimento, sentimento. Veja que esse conceito engloba realidades imateriais. Na mente costumamos dizer que estão nossa sensibilidade, nossa capacidade de recordar, esquecer, amar. É nela que registramos nossa memória, e é também nela que trazemos a consciência de ser quem somos. Podemos intuir que *eu* e *mente* são conceitos que se fundem.

Agora, porém, uma questão: podemos localizar na estrutura cerebral onde fica exatamente esse lugar de fusão? Cremos que não. Esquartejem o cérebro, dissequem todos os centímetros dessa misteriosa massa cinzenta e tentem descobrir onde mora o *eu*. Tarefa difícil. A filosofia já dissertou sobre ele de maneira incansável, mas o fez a partir de sua dimensão ontológica, isto é, ocupou-se de sua ontologia, reflexão que considera o ser em si mesmo, na sua essência, origem primeira, independentemente da forma como se manifesta.

A neurociência é uma área de conhecimento recente. Podemos dizer que até 130 anos atrás a vida interior do cérebro era praticamente desconhecida. Os avanços na elaboração de conceitos que facilitam a decodificação do funcionamento cerebral são recentes, mas o pouco tempo de desenvolvimento da neurociência tem oferecido grande contribuição às questões relacionadas ao *eu*. Esse conhecimento especializado, capaz de mapear o cérebro, conhecer as funções de milhares de neurônios, suas ligações, criando conexões que nos aproximam da compreensão de como nascem os sentimentos, o caráter, e até mesmo localizando o ponto do cérebro responsável pela capacidade humana de crer em Deus, teve suas bases lançadas por um médico cientista chamado Santiago Ramón y Cajal.[19]

Cajal nasceu em 1852 na cidade de Petilla de Aragón, província espanhola de Navarra. Sua história é peculiar e merece ser contada. Cremos ser válida toda e qualquer oportunidade que temos de tornar conhecidos os que nos fizeram avançar como humanidade. E, embora seja o grande nome da neurociência, chegando a receber o prêmio Nobel de Medicina em 1906, e ser considerado o cientista mais importante de nossos tempos, não tem a mesma popularidade que Albert Einstein, por exemplo.

O interesse de Cajal pelo cérebro humano o desviou do desejo de tornar-se pintor. Somente mais tarde ele descobriria que não precisaria abrir mão da sensibilidade artística para tornar-se cientista. Pelo contrário, a aptidão lhe daria o instrumental para produzir um grande arsenal de desenhos do cérebro que muito contribuiria para o avanço das pesquisas da futura neurociência.

Diante do desejo de ser pintor, Cajal descobriu que o conhecimento da anatomia humana seria fundamental para

---

19. Santiago Ramón y Cajal, nascido em Petilla de Aragón, na Espanha, em 1852, foi um médico e cientista espanhol que lançou as bases da neurociência.

quem pretendia criar obra de arte sem incorrer no erro da desproporção. Seu pai era cirurgião no setor de anatomia do hospital de Saragoça. O interesse pela anatomia foi uma herança natural. Ao lado do pai, escavando um cemitério com finalidade de pesquisa, Cajal decidiu que trocaria a pintura pela medicina.

No silêncio daquela decisão aparentemente sem importância, a neurociência começava a dar os seus passos mais importantes. Cajal, ao longo da vida, elaborou as principais bases da neurociência como a conhecemos hoje. Sob seus cuidados, sua tutela e pesquisa, ela nasceu e recebeu o nome de *psicologia racional*.

Embora Cajal não tenha criado nenhum dos termos válidos para a neurociência de hoje, ele, a partir de minuciosa observação dos tecidos cerebrais, descreveu com exímia precisão os elementos do sistema nervoso cerebral. Outra grande contribuição sua à neurociência foi o conjunto de desenhos feitos ao longo de seus estudos. A aptidão artística certamente favoreceu o florescimento do ofício de anatomista. Os desenhos são mapeamentos minuciosos das estruturas do cérebro que ainda hoje auxiliam na pesquisa dos neurocientistas.

Pois bem, das primeiras e preciosas elaborações conceituais realizadas por Cajal aos resultados cada vez mais esclarecedores que nos chegam através dos novos nomes, a neurociência acumulou um fabuloso e complexo estatuto para o funcionamento do nosso cérebro. A atual compreensão de que a estrutura cerebral humana é dividida em quatro partes, sendo elas tronco cerebral, diencéfalo, cerebelo e telencéfalo, certamente é o resultado de um crivo de muitas especulações. Ao longo desses 130 anos de desenvolvimento, a neurociência avançou muito devido à sorte de ter grandes inteligências interessadas por ela.

No entanto, esse grande avanço também gera uma convicção que demonstra o quanto ainda é longo o caminho que ela tem pela frente. Quanto mais ela aprende sobre o seu lugar de pesquisa, quanto mais avança no entendimento de seu objeto de interesse, muito mais esse objeto se torna misterioso. Há uma unanimidade entre os estudiosos do assunto: a respeito do cérebro, sabe-se muito mais sobre o que não se sabe do que necessariamente sobre o que se sabe.

E esse é o motivo pelo qual trouxemos a neurociência para a nossa reflexão. Ela tem representado um óbice à possibilidade de criar argumentos filosóficos que assegurem a existência do *eu*. E, também, porque não podemos negar que ela tem trazido questões interessantíssimas aos que se sentem atraídos pelos mistérios da casa da identidade: o *eu*.

Os muitos séculos de filosofia, sobretudo os que semearam homens e mulheres com a curiosidade de saberem quem eram, e, se eram, quantos eram, estão seriamente confrontados pelo único século de neurociência.

Alguns neurocientistas acreditam que, muito em breve, alcançarão tanto esclarecimento sobre a vida cerebral, mapearão com tanta precisão a estrutura biológica que misteriosamente comanda todo o corpo, que a pergunta filosófica "quem sou eu?", que tanto perpassou as teorias filosóficas, conhecimento que nunca poderá ser aferido em máquinas de ressonância magnética, radiografias e tomografias computadorizadas, não será mais necessária, pois já não haverá sentido fazê-la, uma vez que a ideia do *eu* terá sido desvanecida pela esmagadora precisão da neurociência.

O lugar do eu na filosofia

Eu não me atrevo a desconsiderar as descobertas da neurociência. Se me permite, nobre leitor, nobre leitora, aconselho que faça o mesmo. Seria uma irresponsabilidade intelectual não dar atenção ao que a recente ciência postulou a partir de suas pesquisas e experimentos. Os resultados são tão incontestáveis que atualmente foi dada a ela a responsabilidade pelas bases do conhecimento e da autoafirmação.

Do bojo de suas especulações saem resultados bem mais empolgantes do que aqueles apresentados pela filosofia. No entanto, é importante observar que a neurociência e a filosofia são pesquisas cujas características são muito peculiares e semelhantes. Na neurociência, o que temos são cérebros tentando compreender outros cérebros; na filosofia, por sua vez, existe um pensador tentando compreender o próprio ato de pensar.

Nos dois casos, o objeto e o sujeito da pesquisa são os mesmos. A neurociência acaba fazendo, só que a partir de outra metodologia, mais empírica, o mesmo que a filosofia fez ao longo de sua história. Nas duas situações, tanto a neurociência quanto a filosofia são dois sistemas buscando uma autocompreensão.

Pois bem, cá estamos nós diante de duas fontes de conhecimento aparentemente apartadas. Contudo, não nos renderemos a fazer o caminho sem levar as duas nos alforjes. Sim, sabemos que a neurociência, embora tenha importante papel na investigação do *eu*, não consegue abarcar a sua totalidade. E os neurocientistas são cônscios disso. Eles esbarram diariamente em ingredientes individuais da consciência que ainda não podem ser explicados com os recursos de suas investigações. Vivências subjetivas, formas como o sentimento é construído e manifestado, características pessoais, gostos e aptidões, tudo isso é um mistério que permanece sob o véu do não entendimento. Aparelhos de medição não são capazes de tornar visíveis as emoções ou o mecanismo que gera a mente.

É por isso que a filosofia não pode ser suprimida na busca que fazemos na proposta deste livro. Queremos considerar o que diz a neurociência, mas não dispensaremos a grande contribuição que a filosofia já deixou ao longo de séculos de intenso trabalho de reflexão.

Para compreendermos bem a questão do *eu*, requer que façamos um breve recuo histórico. Primeiramente, precisamos esclarecer que o *eu*, como hoje o compreendemos, não esteve nas discussões da filosofia antiga.

Num primeiro momento, a reflexão foi diferente. Como dissemos anteriormente, a grande preocupação dos filósofos era com o *ser* das realidades, uma tentativa de compreender a essência do mundo criado. E, a partir da questão do *ser* do mundo, os primeiros passos na compreensão do *eu* foram dados.

É interessante perceber como a preocupação filosófica acerca do *ser* foi sendo construída, especificada, aperfeiçoada, evoluindo até se tornar o centro da reflexão filosófica.

Assim, antes do *eu*, o *ser*. A reflexão sobre o *ser* antecedeu todo e qualquer discurso sobre o humano. Foi um olhar inicial que se tornou fundamental para o tema de que tratamos, afinal, queremos refletir justamente sobre os riscos de assumir *eus* que não correspondem ao *eu* que em essência julgamos *ser*. O verbo *ser* nos afirma: somos; mas também nos nega: não somos. É sobre o conhecimento do que somos e não somos que se firmam as bases da experiência do autoconhecimento. Essa reflexão, porém, é contemporânea. Nos primórdios da filosofia, a questão não era tratada como agora. A infância do *ser* filosófico teve abrangências mais tímidas, não tão facilitadoras de inúmeros outros desdobramentos como hoje podemos fazer.

Historicamente, podemos dizer que o conceito de *ser* entrou de forma explícita na filosofia através da reflexão de Parmênides.[20] Antes de Parmênides, os filósofos estavam debruçados sobre a tentativa de compreender a natureza do mundo, o estado físico das coisas. Em Parmênides, a filosofia parece dar os primeiros passos na direção de uma compreensão mais lógica e metafísica da realidade. Ele introduz no centro dos interesses humanos a questão do *ser*. O ser a que Parmênides se refere diz respeito à substância, à essência de uma realidade. O que coloca identidade numa realidade é o

---

20. Parmênides, filósofo grego nascido em Eleia, na Grécia, em 515 a.C.

ser. Parmênides tinha a preocupação de chegar ao entendimento da realidade que o cercava, ao ser de cada coisa.

Com muita simplicidade, ele assim compreendeu: *sobre o que não é, nada pode ser dito nem pensado, porque só o ser existe*. Para ele, o ser que existe para além dos equívocos das opiniões é uno, imutável, não gerado, eterno e imóvel. Não nos estenderemos na abordagem da filosofia de Parmênides, pois não é nossa intenção. A abordagem é apenas para contextualizar na linha histórica do pensamento ocidental o momento em que o *ser* passou a ocupar o centro da reflexão filosófica.

Podemos dizer que Parmênides, ao lado de Aristóteles e Platão,[21] introduziu a ontologia, isto é, a ciência do ser, na história do pensamento filosófico ocidental. No entanto, foi apenas no século XVII que o termo "ontologia" entrou verdadeiramente no jargão filosófico através de Christian Wolff,[22] que dividiu a metafísica em duas partes. A primeira: *a metafísica geral – ontologia*. E a segunda: *as metafísicas especiais – cosmologia racional, psicologia racional e teologia racional*. A filosofia contemporânea não reconhece mais essa divisão como válida. Para os pensadores contemporâneos, a metafísica e a ontologia abarcam exatamente as mesmas questões: o ser e sua possibilidade de existir.

A ontologia é uma ciência instigante. É a partir dela que podemos perguntar sobre a essência das coisas. Um questionamento ontológico busca alcançar a essência que dá

---

21. Filósofo e matemático grego nascido em Atenas, na Grécia, em 428 a.C.
22. Filósofo nascido em 1679, na cidade de Breslávia, na Polônia.

sustento à realidade que experimentamos. Olho para uma rosa e identifico imediatamente um ser apartado de mim, dotado de vida própria. A rosa existe, tem um estatuto, está submetida a um regimento que a faz ser como é. A ontologia da rosa, ou seja, o ser da rosa é um fenômeno que posso contemplar e compreender. Desde uma compreensão inicial, que me permite admirar sua beleza, até uma compreensão mais complexa, elaborada, que me permite um entendimento mais específico, admitindo até que me torne um especialista em rosa.

Quando nos referimos ao ser que somos, independentemente dos problemas que já citamos acerca do que é possível dizer sobre isso, nós nos reportamos ao que de mais original podemos identificar em nós. O *eu* seria, salvaguardando os limites de nossa linguagem, o ponto original de onde tudo parte e gera múltiplas derivações. O *eu* enquanto essência que identifica e dá rosto existencial ao ser que somos é uma evolução da compreensão do ser, como se um ponto específico da natureza humana estivesse mais bem esclarecido a partir dele. Do ser de Parmênides ao eu da Psicanálise. Um itinerário que ainda não terminou, uma vez que nossas especulações acerca de nossa natureza continuam evoluindo.

O eu diz respeito à essência que identifica cada um de nós. A partir dela, podemos compreender e elaborar o que chamamos de idiossincrasia, os elementos que nos afirmam e nos negam. É inegável que todo eu carrega em si uma essencialidade.

A filosofia de Aristóteles, uma evolução da filosofia de Parmênides, nos ajuda muito a compreender essa essencialidade. Ela estabelece "substância e acidente" como categorias para uma compreensão racional da realidade. Essas categorias nos auxiliarão na reflexão que pretendemos fazer sobre os *eus acidentais* que nunca podem assumir o papel de *eu substancial*.

Aristóteles definiu como "substância o ser que é por si mesmo"; por isso, a afirmação de que só a substância é verdadeiramente. Já "o acidente é o ser que não existe por si mesmo", pois carece de outro para existir.

Um exemplo simples para ilustrar o que isso significa. Imagine uma maçã vermelha. Pois bem, a maçã é a substância. É concreta, é um ser substancial. Já o seu vermelho é acidente, pois não é um ser concreto. Para que vejamos o vermelho, precisamos apontar para um ser substancial onde o vermelho esteja sustentado. A maçã poderia ser verde, mas não deixaria de ser uma maçã.

Vamos prosseguir. Saindo do período clássico, o conceito de *ser* continuou sua trajetória pela história da filosofia. Não pretendemos ir além do que já fomos. Nosso objetivo é apenas oferecer breves informações de como a questão foi concebida e desenvolvida pela filosofia. Perceba que ainda não temos a questão do *eu* propriamente dita. O que tínhamos era uma abordagem mais ampla, metafísica, que pretendia compreender o ser substancial de cada realidade. Em outras palavras, ainda que imprecisas, o *eu de cada coisa*.

Como vimos, o conceito de *ser* lançou as bases para a compreensão do que hoje chamamos de *eu*. Pois bem, podemos dizer que quem introduziu o *eu* na filosofia foi René Descartes.[23]

Relembrando, apesar de a questão do *ser* ter ganhado um caráter metafísico desde Parmênides, Aristóteles e Platão, a grande maioria dos filósofos que precederam Descartes continuou se ocupando das questões que envolviam a curiosidade sobre a essencialidade que compunha o mundo. Queriam descobrir e explicar o *ser* das coisas. No entanto, somente em Descartes podemos identificar a transição do *ser para o eu*. Portanto, a paternidade filosófica do *eu* pertence a ele.

O jovem pensador deslocou o interesse filosófico sobre o mundo para o eu. E não foi por acaso. A partir de uma experiência pessoal, René Descartes se apercebeu do mistério que trazia em si, como se uma consciência antes velada se abrisse diante de seus olhos, fazendo-o adentrar o calabouço que ainda hoje tentamos iluminar. Essa percepção pessoal causou uma verdadeira revolução na história do pensamento ocidental. A experiência foi simples e ocorreu em sua juventude. A ela temos acesso porque inspirou, anos mais tarde, sua obra *O discurso do método de conduzir bem a razão e procurar pelas verdades na ciência*. O título é longo, mas o livro é curto.

A cena inspiradora se deu numa noite fria, dentro de uma pequena casa de camponeses. Naquela ocasião, um

---

23. René Descartes, nascido em 1596, em La Haye, antiga província de Touraine, na França, é considerado por muitos o pai da filosofia moderna. Além da filosofia, dedicou-se à matemática.

homem usando um uniforme de inverno dos soldados do imperador desfrutava do calor de uma grande lareira. Ao descrever a cena, Descartes diz que "o homem não estava sentado ao lado da lareira, mas dentro dela". Esse ver-se dentro da lareira já é parte de um dos principais eixos de sua filosofia. O pensamento apartado do corpo. Uma separação tão radical que fez com que ele identificasse que o *ser* que se imagina dentro da lareira é o verdadeiro *eu*.

O corpo, mero obstáculo para o pensamento, embora não esteja dentro da lareira – pois possui limites que não lhe permitem enfrentar o fogo consegue –, mediante o pensamento, coloca o homem dentro da lareira. Essa percepção simples, resultado de uma elaboração feita a partir de uma vivência ordinária, foi o primeiro passo para a construção de sua principal premissa "penso, logo existo". E, a partir dessa premissa, um profundo movimento de mudança começou a acontecer na história do pensamento filosófico ocidental.

Descartes introduziu na filosofia um método de investigação que colocou a dúvida como centro. Nesse ceticismo metodológico, tudo precisaria ser submetido ao tribunal da dúvida. Para ele, só seria considerado razoável o que pudesse ser, num primeiro momento, colocado em dúvida, para depois ser comprovado mediante avaliação progressiva e sem equívocos. Sendo assim, o *eu* deveria ser submetido às mesmas exigências.

Numa direção oposta aos gregos antigos e aos escolásticos, filósofos que nasceram com o intuito de dar amparo filosófico à fé, que consideravam que as coisas existem porque precisam existir, Descartes elege a dúvida para provar a existência do ser.

À pergunta "de onde sei quem sou?", ele responde "do pensamento que a tudo põe em dúvida".

Ao reduzir o eu a um resultado do pensamento, Descartes naturalmente cria uma cisão entre corpo e mente. Assim, ele dividia a realidade existente: *res cogitans*, que equivale à consciência, eu, alma, enfim, aos desdobramentos da mente; e *res extensa*, que equivale à matéria. Para Descartes, o fato de o corpo ser formado de matéria física coloca-o na mesma condição que toda outra matéria criada. Sendo assim, ele fica sob as leis que regem a física. Note que essa equivalência atribuída por Descartes reforça sua ideia de separar o corpo da alma.

Descartes comparava o corpo humano a um relógio em funcionamento que tem um regente no cérebro, que o filósofo atribuiu ser de responsabilidade da glândula pineal – uma glândula endócrina presente no cérebro dos vertebrados. Nela a alma teria feito o seu principal assento.

Veja bem, ao considerar a mente como estrutura separada do corpo, Descartes criou uma convicção que não mais se sustenta ao que hoje já podemos saber sobre nós. Não podemos mais considerar uma dimensão transcendente da glândula pineal, atribuição que Descartes fez para firmar a dualidade corpo-alma. A posição anatômica da glândula pineal, embora seja interpretada como *terceiro olho* por muitos hinduístas, não pode ser considerada fora da relação com as outras partes do cérebro.

O consenso científico não permite a dualidade corpo-alma, ou corpo-mente, como achar melhor para compreender. As técnicas de neuroimagem confirmam a concepção monística de que a mente é corpo, está no corpo, funciona com o corpo. A premissa cartesiana de que o pensamento deve acontecer fora do corpo não sobrevive às informações que a neurociência e o consenso científico já nos legaram.

Portanto, a procura pelo eu não pode ser feita sem considerar a dimensão unitária do ser humano. Se pudermos falar dessa consciência que nos permite sentir que somos alguém, faremos a partir da unidade corpo-mente. Sentimentos e exercícios mentais mais exigentes não podem ser separados do funcionamento do organismo biológico.

A neurociência já esclareceu que os mapeamentos das áreas cerebrais, as conexões elétricas, as substâncias químicas que proporcionam o funcionamento do cérebro, tudo tem a ver com a mente. A consciência é um resultado do envolvimento do corpo com o ambiente. A reflexão de Descartes nos serve como um ponto de partida. A ele somos gratos por ter deslocado o interesse filosófico do mundo para o *eu*. Ele foi muito assertivo ao identificar que o pensamento oferece um caminho à verdade. Hoje, porém, nós nos aproximamos de suas definições já modificadas pelos esclarecimentos que nos foram oferecidos pela neurociência. O seu genial "penso, logo existo" passa por uma ressignificação. O pensamento não pode definir a nossa existência, mas nos oferece uma suposição de nossa existência.

Um grande opositor às ideias de Descartes foi David Hume.[24] Para ele, alma e eu não são objetos vivenciáveis. O eu não é real, mas apenas mais uma noção entre tantas outras. O ser humano não precisa do *eu* para vivenciar sensações, sentimentos e conceitos. Essas realidades se dão no humano por si só.

Outra grande contribuição para a compreensão do mosaico do *eu*, e que também fez grande oposição ao dualismo de Descartes, chegou à história da filosofia através de Ernst Mach.[25] Com ele temos uma nova teoria filosófica: o empiriocriticismo, que é um posicionamento intelectual que descredencia toda e qualquer proposição das ciências naturais que não possam ser verificadas empiricamente. Já podemos perceber que esse posicionamento invalidava alguns anos de reflexão filosófica a respeito do *eu*.

No modelo proposto por Mach, não havia um *eu* habitando algum lugar do cérebro, como na glândula pineal, proposto por Descartes. Para Mach, o que há é um emaranhado de sensações em constante troca com os elementos da ambiência exterior. Ele julgava ser impossível uma pessoa fazer referência a um *eu* quando pretendia falar de *si*. Segundo esse filósofo, o *eu* não pode ser compreendido como uma unidade imutável, delimitada, definida como se fosse

---

24. Nascido em 1711, em Edimburgo, na Escócia, entrou para a história como um dos mais importantes filósofos do chamado iluminismo escocês.
25. Nascido em 1838 em Chrlice, antigo Império Austro-Húngaro, hoje República Tcheca, Ernst Mach foi um físico-matemático que deixou grande contribuição à filosofia e também à psicologia.

uma fronteira passível de ser mensurada e compreendida a partir do tempo e do espaço.

Pensando nessa impossibilidade de cercar o *eu* e defini-lo de forma empírica, ele cunhou uma frase célebre que se tornou muito importante para a filosofia: "O eu é irremediável". Mach, portanto, pretendeu varrer o *eu* do mundo. Reduzindo o conceito a um conjunto de sensações, deixou uma porta aberta para que outros andassem pelos seus caminhos.

O eu como si mesmo

E o que diz a psicologia sobre a existência do eu? É inegável que ela tenha a questão no centro de seus debates; afinal, trata-se de uma área do saber que necessariamente se dedica aos conflitos que, do tal *eu*, são inerentes.

Toda vez que uma pessoa recorre a uma avaliação psicológica e possível encaminhamento terapêutico, ela o faz para solucionar desconfortos emocionais que experimenta em *si*, no *eu* que no cotidiano experimenta como seu. Portanto, o *eu* é matéria-prima da psicologia.

Contudo, por se tratar de uma ciência natural, que lida necessariamente com o que pode ser visto, ouvido e medido, não podendo definir o *eu* como um fato consumado, o consenso científico da psicologia não se atreve a afirmar a existência dele.

No entanto, também não o descarta, pois abre a possibilidade de interpretá-lo como algo derivado. Essa premissa se aproxima da derivação sugerida por Hume. O *eu* pode ser derivado de sensações ou de ideias. Porém, grande parte dos psicólogos prefere descartar a ideia de *eu*, optando por falar do *self*, um conceito criado por William James[26] que entrou definitivamente para o acervo de conceitos da psicologia.

William James definiu o *self* como uma espécie de central de comando de desejos e avaliações. Ele assim compreendeu. O *eu* seria uma instância interna conhecedora. O *self*, isto é, o *si mesmo*, seria o conhecimento que o ser humano tem de si mesmo. Para ele, o si mesmo se desdobra em três experiências básicas: a primeira é a consciência reflexiva, que nada mais é do que o conjunto de conhecimento que o ser humano tem de si; a segunda, a interpessoalidade dos vínculos que as pessoas estabelecem enquanto se relacionam; e, por último, a capacidade de agir.

William James fez mais uma pertinente distinção entre "autoconceito" e "autoestima". Autoconceito é a forma como nós fazemos a experiência da autopercepção. Essa experiência, para que seja possível de ser compreendida, requer que nela seja reintroduzido o conceito de *eu*. Já a autoestima é o resultado subjetivo que o autoconhecimento feito pelo *eu* entrega ao *me*.

É interessante ressaltar que, embora a psicologia não tenha estabelecido um pressuposto para o esclarecimento do *eu*, vivemos diariamente sob o influxo de uma linguagem em que nos afirmamos como um *eu* que se desdobra num *me*. "Eu *me* disponho a fazer, eu *me* vejo em você, eu *me* confiei ao médico"; enfim, utilizamos uma forma de dizer que parece não problematizar a existência do *si mesmo*.

---

[26]. William James, nascido em 1842, em Nova York, nos Estados Unidos, foi um filósofo e psicólogo e um dos grandes pensadores de sua época. É considerado um dos pais da psicologia americana.

O *si mesmo* é muito utilizado nas reflexões de Carl Gustav Jung.[27] Pode ser que você já tenha tido contato com alguns de seus conceitos. O principal deles é o conceito de arquétipos, que são conteúdos que sobrevivem no inconsciente coletivo e que geralmente são compartilhados por toda a humanidade. Pois bem, para Jung, o *si mesmo* é o principal dos arquétipos. Ele está no centro da psique humana e tem nos instintos sua principal via de manifestação.

Segundo Jung,

> o si mesmo representa o objetivo do homem inteiro, a saber, a realização de sua totalidade, com ou contra sua vontade. A dinâmica desse processo é o instinto, que vigia para que tudo o que pertence a uma vida individual figure ali, exatamente, com ou sem a concordância do sujeito, quer tenha consciência do que acontece, quer não.

Essa definição, cuja fonte não temos, encontra-se disponível em diversos trabalhos de pesquisa sobre o assunto, o que nos leva a usá-la sem a preocupação de que ela não tenha sido postulada por Jung. Segundo ele, ao si mesmo cabe a função de ordenar os processos psíquicos. Não estando nós sob os extremos dos sentimentos, como luto, perdas, euforias, e estando harmoniosamente integrados ao nosso *self*, podemos desfrutar de satisfatória estabilidade de nossa

---

27. Nascido em 1875, em Kesswil, na Suíça, Carl Gustav Jung foi um psiquiatra e psicólogo. Ele fundou a psicologia analítica, que tem como conceito principal a individuação, que é a reintegração dos opostos, incluindo o consciente e o inconsciente.

identidade. O *self*, ou *si mesmo*, como queira, proporciona a coesão que faz com que nos sintamos unificados, sem fissuras ou divisões. É justamente essa coesão que permite que nos sintamos situados em um território existencial que faz sentido. Nele não nos sentimos estrangeiros, expatriados, exilados. A coesão concede-nos o sentimento de localidade. Somos um lugar, um estado emocional situado num corpo, um organismo físico que se desdobra de forma misteriosa e metafísica, mas tudo partindo e voltando para um mesmo cerne, como se uma força gravitacional reunisse essa totalidade num único ponto.

Veja bem, a conceituação que Jung faz do si mesmo favorece-nos uma articulação com o que, da prática da existência, sabemos. O eu, embora desprovido de qualquer comprovação científica, porque não mensurável, objetivo, radiografável, nós o experimentamos de forma incontestável. É como um saber íntimo, particular, que nos coloca numa experiência de pertencimento que descredencia a ideia de que ele seja uma ilusão. O grande desafio é estabelecer uma aproximação lúcida do que identificamos como sentimento do *eu*. E, para isso, mais uma vez, recorremos aos resultados da neurociência.

Como vimos anteriormente, há um consenso entre os neurocientistas: o eu não pode ser localizado no mapa cerebral. Ele não pertence às partes que constituem a estrutura do cérebro. Para ajudar a entender o que ocorre no ser humano e o leva a internalizar a convicção de que nele há um ser que exerce o comando do todo, a neurociência criou uma segunda via de abordagem. Já que não puderam localizar o *eu* no cérebro, os neurocientistas passaram a estudar pessoas cujo *eu* era disfuncional. O que seria isso? Aquelas que saíram da normalidade. Os motivos são diversos. Geralmente haviam enfrentado sequelas provocadas por acidentes ou cirurgias cerebrais; possuíam distúrbios e, por conta disso, passaram a funcionar de forma alterada ou de maneira parcial.

Por que essa segunda via de pesquisa foi estabelecida? Ao que nos parece, o motivo é muito simples: como e por que uma pessoa que apresenta um *eu* com disfunções alteradas se deslocou de maneira tão significativa daquele *eu* que antes era considerado como original. O que aconteceu no cérebro para que ela perdesse, em muitos casos, completamente as referências do que antes era?

No livro A *ilusão da alma*, de Eduardo Giannetti,[28] essa questão é abordada. No romance, o personagem principal, um jovem professor de literatura, após retirada de um tumor cerebral, passa a se interessar pela relação *cérebro-mente*.

Seu conflito se estabelece justamente no momento em que o conhecimento concedido pela neurociência o torna cônscio de que seu senso de identidade, seus temores, seus sentimentos, suas memórias e sua sensação de liberdade nada mais são do que o resultado do funcionamento de

---

28. Nascido em Belo Horizonte, em Minas Gerais, em 1957, Eduardo Giannetti é um economista e professor que ampliou muito a sua área de atuação intelectual. É um dos grandes pensadores do nosso tempo. E, embora não seja neurocientista, mostrou-se um exímio conhecedor do assunto, autorizando-o a escrever, com mestria, o livro supramencionado.

bilhões de células que funcionam em seu cérebro. A cura do tumor físico deixou, como sequela, um tumor metafísico que o transformou de maneira profunda. Trocando em miúdos, o tumor cerebral foi retirado, mas ele deixou um desassossego que o fez pensar seriamente sobre a validade do *eu*.

Na análise proposta de forma romanceada por Giannetti, podemos encontrar um pouco desses resultados apresentados pela neurociência. A partir de uma disfunção, a forma como alguém experimenta o *eu* sofre alterações. Após uma alteração cerebral, provocada por um acidente, por um tumor, por um processo cirúrgico, a pessoa pode apresentar mudanças de comportamentos, alteração na lida com os sentimentos, enfim, passa a viver uma mudança considerável que parece ter uma associação direta com o deslocamento físico do cérebro provocado pelo acidente, pelo tumor ou pelo ato cirúrgico. Isso fortalece a convicção de que o *eu* é um derivado e pode ser alterado de acordo com as situações que a pessoa precisa enfrentar.

O neurocientista Oliver Sacks[29] deixou grande contribuição nesse aspecto. Durante quarenta anos, ele trabalhou com pessoas que apresentavam disfunções cerebrais. Do resultado deixado por ele, a neurociência passou a postular que não se pode falar da existência de um *eu*, mas de vários. A distinção é esta.

---

29. Nascido em Londres, na Inglaterra, em 1933, Oliver Sacks foi um grande neurologista e psiquiatra que deixou enorme contribuição à comunidade científica a partir de seu trabalho de pesquisa com pacientes com disfunção cerebral.

- O *eu corporal*: a partir dele eu reconheço o meu corpo como meu.
- O *eu localizador*: com ele eu posso saber onde estou.
- O *eu em perspectiva*: a partir dele eu me percebo como centro do mundo que vivencio.
- O *eu como sujeito da vivência*: por intermédio dele eu sei que as minhas impressões sensoriais e sensações são realmente minhas.
- O *eu autoral e controlador*: baseando-me nele eu sei que devo responder por meus pensamentos e ações.
- O *eu autobiográfico*: tomando-o como princípio eu me mantenho em meu papel, coerente numa identidade.
- O *eu autorreflexivo*: com ele eu posso pensar sobre mim e articular o jogo psicológico entre o *eu* e o *me*.
- E, por fim, o *eu moral*: a partir dele tenho algo muito semelhante ao conceito de consciência. É com ele que eu posso distinguir o bom do ruim.

Embora essa abordagem funcione muito mais como um esquema para o entendimento, no momento do funcionamento cerebral, na dinâmica em que exercemos nossa identidade, tudo isso se transforma numa grande mistura.

Veja bem, se Oliver Sacks estiver certo, não podemos afirmar a existência de um único *eu*, mas de vários, todos eles com funções distintas. De acordo com sua compreensão, os *eus* participam ativamente do que em nós compreendemos como consciência cotidiana. Alguns mais, outros menos, mas todos contribuem na elaboração da trama do *si* mesmo. É a arregimentação deles que faz gerar a sensibilidade geral que alguns neurocientistas chamam de *fluxo das sensações do eu*. Mas esse fluxo das sensações já não é o que compreendemos simplesmente como *eu*?

A pergunta ainda não pode ser respondida. Ainda estamos longe de chegar a um consenso que nos permita dizer: este é o *eu*, aqui ele está situado, é a partir destas sinapses que ele se manifesta. Não, definitivamente não podemos defini-lo e compreendê-lo como gostaríamos. O que por ora podemos é assimilar todas as contribuições que até aqui arregimentamos da filosofia, da psicologia e da neurociência. E, a partir dessas contribuições, estabelecer para nós um porto conceitual de onde possamos partir diariamente para singrar o misterioso mar de nossa identidade.

Eu não sei o que você, querido leitor, querida leitora, identificou ao longo deste emaranhado de definições como válido para o que sabe de *si* mesmo. Eu confesso que fico muito afeito a trazer para o meu labor diário as contribuições oferecidas pelas três diferentes searas do conhecimento. Acho interessante confrontar as divergências, reunir as convergências e fazer uma síntese. Contudo, também faço questão de reconhecer o que desse mistério ainda pede o meu silêncio e reverência.

A neurociência continua negando a existência do eu, mas continua procurando por ele. Enquanto a dúvida não for esclarecida, resta-nos a investigação, a dialética que sempre favorece a construção da verdade.

É interessante: o *eu* que há em nós, que não precisa ser radiografado para que possamos acreditar em sua existência, acaba sendo o condutor que nos leva pela mão. Como se a própria cidade pudesse chamar o turista, dispensando guias especializados, sendo ela mesma a dizer: "Venham comigo, venham mergulhar em mim, porque é mergulhando que me encontram".

Portanto, já que escolhemos acreditar na existência do eu, posso dizer: o eu que há em mim saúda o eu que há em você.

Sou muitos, mesmo sendo um só

Com o breve apanhado histórico que fizemos, pincelando algumas contribuições importantes para a compreensão que hoje temos do *eu*, pudemos tecer um fio de entendimento que nos permite uma relação mais lúcida com a questão.

Vimos que o *eu* foi afirmado, negado e amplamente problematizado. Hoje, munidos de tantas contribuições, podemos escolher melhor no que queremos acreditar. Aqui, nesta escolha, não há dogma, não há posicionamento inalterável. Pelo contrário. Podemos mudar de ideia a qualquer momento, mas, por ora, convido-o a entrar comigo, de mãos dadas, nos emaranhados da compreensão que este livro pretende desenvolver. É certo que ele não será finalizado, pois continuará semeando curiosidade, despertando nos que tiverem contato com ele o desejo de um aprofundamento maior sobre a questão por ele levantada.

Uma coisa é certa: o eu existe, nós o experimentamos. Ainda que desconheçamos as sinapses cerebrais que nos permitam fazer esta afirmação, sabemos que eu sou *eu* e não sou *você*. O *eu* é uma realidade extraordinariamente percebida e assimilada por todos nós.

Em cada ser humano, há um núcleo substancial que gera e preserva o que chamamos de idiossincrasia. Um núcleo que reconhece naturalmente o que a ele diz respeito ou não. Um núcleo capaz de amadurecer, expandir-se, aprimorar-se, sempre preservando o estatuto que lhe permite misturar--se, mas sem deixar de ser quem é. E, embora o processo de despersonalização seja possível, quando há um esmagamento do *eu* substancial, o núcleo do *eu* não se altera, pois continua fiel a si mesmo. O que dele se altera, e que todos podem perceber, é o formato acidental e circunstancial que lhe concede uma temporária forma de expressão.

Autenticidade – característica dos que não se demoram nos *eus* acidentais que não correspondem ao *eu* substancial – é uma virtude que todos nós precisamos perseguir. Os eus acidentais deveriam funcionar como transição, lugar de passagem, vetores que desencadeiam o desvelamento do eu substancial. Passamos por eles para identificar e fortalecer as escolhas que nos coloquem no eixo de nossa verdade.

No *eu* em cada um de nós, há uma cartilha que precisa ser aprendida. A essa apreensão chamamos de autoconhecimento, experiência absolutamente necessária a toda pessoa que pretende viver confortável em si mesma, desfrutando da satisfação e do desconforto de viver na verdade. O autoconhecimento minimiza a possibilidade de assumirmos eus que não são nossos.

Como já dissemos, em torno desse núcleo substancial que somos gravitam os eus acidentais, todos eles nascidos das realidades circunstanciais que nos envolvem. Eles podem ou não ter comunhão com o nosso eu substancial. É preciso saber distinguir.

Muitos *eus* cabem num *eu*. Você já experimentou inúmeras vezes essa premissa. Já precisou se desdobrar em muitos outros eus, alguns favoráveis, outros nem tanto, mas sempre podendo elevar ao máximo a sua capacidade de sobreviver, de assumir *eus* temporários, suportando-os até o momento de poder enterrá-los definitivamente, ou então assimilá-los, já que conversam bem com o *eu* substancial.

Pois bem, depois, deixando as suspeitas de lado, fazendo valer a experiência sensível que fazemos de nós mesmos, daremos alguns passos na problemática que o livro propõe.

Primeiro, é importante salientar que a nossa abordagem está conceitualmente amparada nas categorias aristotélicas[30] de *substância* e *acidente*. Os dois conceitos já foram citados. Para Aristóteles, a substância é o ser que existe por si mesmo, o ser que está em pleno estado de autenticidade, pois não pode ser encontrado em outro ser. O acidente é o ser que não existe por si mesmo, que depende de uma substância para se manifestar.

E como podemos aplicar as categorias aristotélicas na compreensão do *eu* e dos *eus*?

É simples. No *eu*, nós temos a substância. Nos *eus*, nós temos os acidentes. Era sobre o *eu* que Aristóteles falava? Não. Como vimos anteriormente, a questão do *eu* só entrou na pauta filosófica muito mais tarde. Estamos emprestando e adaptando as categorias por ele estabelecidas, porque acreditamos que elas podem nos ajudar a entender

---

30. Aristotélicas: relativo a Aristóteles e sua doutrina.

o que pretendemos dizer. A linguagem nos permite inventar esses caminhos.

Pois bem, sabemos que a vida é uma soma de resultados que alcançamos em nós e de nós. São resultados positivos, outros nem tanto. O fato é que a nossa realização humana depende do resultado satisfatório dessa soma.

O que nos constrói ou destrói são as escolhas que fazemos

Escolher é uma condenação que experimentamos diariamente. Os fluxos rotineiros da vida vão nos colocando diante de realidades e pessoas que nos exigem escolha, posicionamento.

A escolha é uma necessidade imposta pelos limites que cercam a dinâmica de nossa existência. Somos seres limitados. Pelo tempo, por exemplo. Não conseguimos abraçar tudo o que temos diante de nós, pois não temos todo o tempo do mundo. Somos também limitados pelo fato de termos um corpo só. Nunca conseguiremos estar presencialmente em dois lugares. No modelo social em que vivemos, não é possível viver em três casamentos ao mesmo tempo. Quer se casar? Terá de escolher com quem. Quer se especializar em alguma área do conhecimento? Terá de, ainda que temporariamente, abrir mão de outras. Enfim, precisamos escolher.

Na dinâmica das muitas escolhas que fazemos, nem tudo tem a ver com nossa substância. É natural que seja assim. O mundo não gira em torno de nossas necessidades, tampouco está forjado para atender às nossas demandas. Passar por situações e pessoas que não são consoantes com a nossa verdade faz parte da dinâmica da vida. No entanto, também não faz sentido estabelecer um vínculo de demoras ou fazer escolhas definitivas que nos coloquem em ambiências que não favoreçam o florescimento de nossa substância.

Quando falamos de eus que não são meus, nós nos referimos aos papéis que assumimos a partir de nossas escolhas. Não se trata de afirmar a existência de outros eus além do substancial. Não, como já dissemos, acreditamos no eu como um núcleo onde repousa a nossa verdade; compreende-se como verdade tudo o que nos diz respeito: aptidões, características, gostos; em suma, tudo o que compõe o que chamamos de idiossincrasia.

Os *eus* acidentais são as roupagens que assumimos ao longo da vida, de acordo com a necessidade de cada época. Costumam ser realidades transitórias que podem ou não ser incorporadas e assumidas pelo *eu* substancial. É importante salientar que essa linguagem não é científica. Ela não tem nenhum embasamento na neurociência, na psicologia, tampouco na filosofia. Ela é meramente especulativa, pautada na experiência sensível que fazemos de nós mesmos, na compreensão que nos chega pelo fluxo da vivência, que o tempo todo nos mostra que é plausível pensar os inúmeros eus que assumimos ao longo da vida.

Esses inúmeros *eus* nos são trazidos naturalmente. Chegam pelas mãos dos acontecimentos, circunstâncias e, sobretudo, pelas mãos de pessoas que exercem autoridade afetiva sobre nós, isto é, aqueles que participam diretamente da nossa construção humana, que interferem sobre nossas escolhas e decisões.

A fluência de nossa relação com os eus é natural. No início da vida, quando ainda não tínhamos consciência de nossa realidade substancial, vivíamos entregues aos que cuidavam de nós. Por ainda não termos capacidade de escolher, as pessoas escolhiam por nós. Por isso, nem sempre sabíamos identificar se o *eu* que nos estava sendo oferecido correspondia à nossa verdade pessoal.

Essa identificação não é simples de ser feita, pois requer maturidade e autoconhecimento. Portanto, quanto menos nos conhecemos, muito mais nos tornamos passíveis de sermos subjugados e vítimas da construção alheia.

Nem sempre os que foram responsáveis por nós tiveram a sensibilidade de perceber e respeitar as características que já desvelavam a nossa verdade pessoal. Em outros tempos, era absolutamente normal os pais decidirem o futuro de seus filhos. Ainda que não demonstrassem aptidão para a profissão desejada pelos pais, os filhos quase sempre eram obrigados a assumir o fardo de ir buscar o futuro que expectaram por eles.

Hoje, talvez porque estejamos vivendo sob os domínios de um novo entendimento, a relação pais e filhos tem sido bem mais respeitosa. É menos comum ver filhos abrindo mão de seus desejos com o intuito de satisfazer seus progenitores. As subjugações continuam existindo, é claro, mas não mais com a violência de antes. Acontecem de forma mais sutil, menos impositiva, quando, por meio de coesão emocional, pais fazem os filhos desejarem o mesmo que eles.

Os *eus* acidentais, porém, não são propostos e impostos somente pelos núcleos familiares. Eles nos chegam por meio de todas as vias emocionais que estabelecemos. Essa chegada pode se dar por meio de expectativas, influências, palavras, pedidos. Sim, somos constantemente visitados pelos outros. E, dependendo da intensidade com que nos visitam, semeiam *eus* que acabamos assimilando como nossos. E não é nenhum problema que seja assim, desde que o *eu acidental* que nos foi oferecido corresponda ao *eu essencial* que somos, e que funcione como um elemento enriquecedor de nossa identidade.

Sim, os *eus* acidentais, temporários, são indispensáveis para o desenvolvimento e fortalecimento do núcleo do *eu*, sustentando-o em suas travessias e em suas crises normativas. Contudo, nem sempre é assim. Quando assimilamos e alimentamos um *eu acidental* que em nada corresponde ao *eu substancial*, comprometemos desastrosamente a qualidade de nossa existência.

Um exemplo simples que pode nos ajudar a entender melhor o que estamos dizendo. Estamos diante de um rio e precisamos atravessá-lo. Os que estão ao nosso lado se apressam em nos oferecer recursos para que tenhamos condições de alcançar a outra margem. Nem todos os recursos podem nos ajudar. Alguns não corresponderão às nossas habilidades. Outros, sim. Diante das muitas possibilidades apresentadas, precisamos identificar e escolher as que mais funcionariam como facilitadores no processo da travessia.

A escolha é um movimento que nos torna humanos. Apenas a nossa condição humana é capaz de escolher com consciência, liberdade. A qualidade da nossa vida está intimamente associada à nossa capacidade de fazer escolhas livres e conscientes.

Os eus que nos chegam pelos conselhos

Todo mundo já deu ou recebeu conselhos. Alguns corriqueiros, com pouca repercussão na nossa construção; outros mais efetivos, determinantes, com significativa repercussão na elaboração do ser que somos.

A autoridade do conselho é relativa. Ela depende de quem o oferece, mas também do momento em que o recebemos.

A fragilidade emocional nos torna vulneráveis, fazendo com que sejamos mais necessitados de ouvir o que o outro tem a nos dizer. A construção de nossa identidade é também comunitária. O *eu* substancial é cercado por situações que o influenciam. O que nos chega pelos outros, quando faz sentido para o *eu* substancial, tendemos a acatar imediatamente, pois funciona como um reforço que damos ao nosso autoentendimento. No entanto, nem sempre é assim. Às vezes o outro nos oferece um conselho que nos nega, que nos dissocia de nossa substancialidade, e, por estarmos sob o comando da fragilidade, ficamos mais vulneráveis a acatar e incorporar o que não deveríamos acatar nem incorporar.

Quando estamos expostos em nossas necessidades, é natural que os outros se mobilizem em torno de nós. Diante de alguém que sofre, as pessoas querem oferecer consolo, ajuda, coragem. O movimento é de identificação. No sofrimento do outro a gente se reconhece, pois a dor alheia nos coloca em contato com a fragilidade que nos habita.

Essa consciência provoca uma solidariedade natural, uma vez que o sofrimento do outro é um espelho onde nos vemos. É claro que nem sempre instrumentalizamos a nossa identificação para fazer o bem. Não podemos esquecer nem negligenciar a sombra que nos habita. Sejamos honestos. Também somos capazes de utilizar da vulnerabilidade alheia para obter nossos interesses. Contudo, não costuma ser assim. A grandeza humana se manifesta naturalmente quando ficamos diante de um sofrimento que podemos aliviar.

A dor do outro costuma nos arrancar de nossos egoísmos. É a identificação humana, processo que parece nos recordar o estatuto original que nos é comum, movendo-nos pelos caminhos da compaixão, que nenhum outro status pode desfazer.

Pronto. Não vamos nos estender nesse aspecto. É só para nos ajudar a contextualizar. O apoio que oferecemos e recebemos uns dos outros, sobretudo por meio das palavras que dizemos e ouvimos, são formas que temos de oferecer *eus* temporários, todos eles com o objetivo de que nos amparem em nossos calvários, que nos sirvam como um instrumento para a travessia de nossos rios particulares.

Num conselho que damos, entregamos uma semente de *eu*, isto é, um modo de ser que julgamos pertinente àquele momento que a pessoa enfrenta. Pude experimentar isso em muitos momentos da minha vida. Muitos me ofereceram apoio por meio de palavras e conselhos. Os *eus* que me foram oferecidos encontraram consonância com o núcleo de minha verdade pessoal. A partir das ferramentas que me foram dadas por meio dos *eus* que me vieram de fora, pude conhecer e descobrir o *eu* substancial.

Em muitos momentos da minha vida, porém, experimentei o poder avassalador dos *eus* que não correspondiam às necessidades do meu *eu* substancial. Eles me chegaram pelas mãos impiedosas dos que me viam, mas não me enxergavam.

Foi justamente o que aconteceu comigo no momento em que precisei enfrentar a morte de minha irmã Heloísa. Foi muito traumático. As condições da morte dela foram muito cruéis. Recordo-me como se fosse hoje. Eu morava em Terra Boa, interior do Paraná. Levei quase 24 horas para chegar em casa. Viajei sozinho, sem ter ninguém para abraçar e chorar. Quando cheguei à casa da minha mãe, uma pessoa muito próxima da minha família veio ao meu encontro. Movido pela aridez que me corroía, depois de passar tanto tempo sozinho com a minha dor, desabei em seus braços. Tão logo eu comecei o meu choro, ela me repreendeu: "Não chore, você precisa ser forte para ajudar sua mãe!". Eu não tinha condições de atender àquele pedido. Continuei chorando, mas ela gritou mais forte. Arrancando-me do seu abraço, me olhou. Parecia estar furiosa. "Seja forte, a sua mãe precisa de você!"

De imediato me desenlacei do seu abraço, enxuguei as minhas lágrimas, atravessei a rua e fui encontrar a minha mãe. Ela estava na casa de uma família que morava no outro lado da rua. Chegando lá, a encontrei. Ela estava sentada num sofá, com o terço na mão e chorando mansamente. Quando me olhou, estendeu os braços e me disse: "Oh, Fabinho, vem cá, meu filho! Tanto tempo viajando sozinho, deve estar precisando de chorar. Vocês dois eram tão unidos!".

Eu me recolhi no colo de minha mãe. Fiz o que sempre fiz, desde menino, quando a vida não era boa comigo, quando os meus medos eram superiores à minha capacidade de superá-los, quando tudo em mim doía e a minha vida parecia não ter sentido. E então eu chorei. Chorei de soluçar. O choro estancado, indignado, o choro ateu, o choro mais triste que a minha vida havia produzido até aquele momento. Ela passava a mão sobre a minha cabeça, em silêncio respeitoso, como se o carinho pudesse me colocar diante de Deus, permitindo gritar a Ele todos os desaforos do mundo. Ela, tão devastada, mas tão iluminada pela fé, reunia os fragmentos da minha alma, dando-me a graça de ser só um filho que chora, um filho que não tem nada a oferecer.

Hoje, tão distante daquele dia, penso na diferença dos dois encontros. O primeiro, marcado por um pedido absurdo, cruel. Um pedido que me negava o direito de chorar a fatalidade de perder prematuramente a minha irmã. Um pedido que me impunha o fardo de aplacar em mim a dor, porque precisava amparar a dor de minha mãe. O segundo, marcado por uma permissão amorosa. Uma permissão que me fazia entornar o manancial das tristezas, lavando minha alma naquele colo, estabelecendo a comunhão mais bonita que um encontro pode nos permitir: o de sentir a mesma coisa. Embora nossas dores tivessem proporções diferentes, sofrimentos que distam consideravelmente um do outro, construímos uma esquina para nós, um banco de praça que elegemos como nosso, só para vivermos juntos cada segundo daquela tragédia.

Aquela experiência me permitiu um entendimento que apenas mais tarde eu pude metabolizar e incorporar. Alguns convites à coragem nos fragilizam. Fazem o contrário do que pretendem. Querem nos encorajar, mas nos enfraquecem ainda mais.

As palavras nos soam enganosas quando ferem o que já sabemos sobre nós mesmos. E eu soube identificar isso. A oferta que me chegava de forma bem-intencionada – pois eu estou certo de que aquela pessoa acreditava piamente na bondade do que estava me propondo – precisava ser recusada.

Aquele *eu* corajoso que a outra pessoa pretendia me oferecer não cabia em mim. Eu não estava apto para ser como ela julgava que eu deveria ser. Como eu poderia ser forte se tudo estava ruído e machucado? A dor de minha mãe não seria amenizada se eu permanecesse ao lado simulando coragem. Ela também precisava viver a desconstrução que a morte havia causado. Sua filha estava morta e havia um choro a ser chorado, uma tragédia a ser lamentada, vivida com verdade, sem dissimulações e enfeites.

O nosso encontro reuniu nossas verdades. Eu não fingia, ela também não. Éramos só quem podíamos ser. Nós e nossa crueza. A dor em seu estado mais puro a nos expor frágeis, desolados, expulsos do paraíso, nômades e sem lugar no mundo, mas um do outro. Os eus substanciais estavam unidos, preservados, imunes às invasões.

Do conselho que me negava, oferecendo-me um eu que não me convinha assumir, restou-me outro aprendizado. Além de ser uma tentativa de me oferecer consolo, a palavra que me sugeria coragem nascia da necessidade de quebrar o silêncio. Sim, há pessoas que desconsideram que silêncio na hora certa também comunica, aconchega e aconselha. Nascia também da dificuldade que temos de ver o outro em desalento. Queremos dissipar a desarmonia que o expõe fragilizado porque de alguma forma nos revela sujeitos à mesma possibilidade, capazes do mesmo desalento. Ansiamos por dar cabo ao sofrimento que nos faz sofrer também. Sim, como dissemos anteriormente, no caos alheio nós identificamos as evidências do nosso.

Tão logo eu atravessei a rua, porém, a minha mãe me socorreu, oferecendo-me o mais simples e honesto dos conselhos que eu poderia receber naquela hora. "Chora, meu filho, você precisa de chorar!" Imediatamente senti a força da verdade se apoderando de mim, como se a palavra dita de fora alcançasse a confirmação de meu comando interior, chancelando a autoridade do conselho. De um lado eu tinha um *eu acidental* que não podia ser alinhavado ao meu *eu substancial*. De outro, tinha um *eu acidental* que abraçava e emprestava sentido ao meu *eu substancial*.

O efeito terapêutico da palavra é alcançado quando a fala que nos vem de fora encontra a ponta que até então estava solta dentro de nós. O bom conselho nem sempre está prenhe de novidade. Às vezes ele se limita a nos recordar o que já sabemos. O que ele faz é motivar o movimento que nos faz reencontrar a coerência perdida.

O sofrimento também é fruto de um caos que se estabelece toda vez que a vida parece se desprender da coerência. O bom conselho reconfigura o que foi dispersado e perdido.

No conselho que recebemos, um *eu* se esconde. É uma proposta existencial que arregimenta uma forma de pensar, de agir e de sentir. A abordagem que nos vem de fora acomoda-se em nossa estrutura humana. E então passamos a mover o *eu* que *somos* amparados pelo *eu* que nos foi proposto. Como já dissemos, esse adendo pode funcionar muito bem, desde que o *eu* que nos chega de fora tenha correspondência com a matriz de nossa identidade. No entanto, se essa correspondência não existe, o *eu* assumido passa a orquestrar um desconforto que pode comprometer a satisfação de ser quem somos.

A mim alguém solicitou o disfarce da minha dor. O pedido soou estranho porque eu nunca precisei disfarçar minhas fragilidades. Cresci num ambiente em que a exposição da indigência nunca foi proibida, tampouco vergonhosa. Ainda que não fôssemos especialistas em respeito à incompletude alheia, sabíamos lidar bem com o barro com que o outro fora feito.

O conselho que me foi oferecido não fazia sentido naquela hora, tampouco coincidia com a forma como minha mãe educou meus sentimentos. Nunca me foi negado chorar, mostrar meu medo, demonstrar minha tristeza; por isso, recusei de imediato a imposição conselheira, aparentemente bem-intencionada. Mas nem sempre somos educados para a verdade dos sentimentos. Não é incomum encontrar posturas impositivas de progenitores que não permitem aos filhos a expressão da fragilidade.

A imposição pode acontecer sem que as partes percebam que o fazem. A ação humana nem sempre acontece sob a bênção da lucidez. Facilmente nos deparamos com a reprodução inconsciente de comportamentos que espoliam o direito à pequenez, à manifestação positiva da dor, do sentimento opressivo. O que resulta dessa conduta é a negação dos sentimentos que nos expõem frágeis, gerando uma inaptidão em estabelecer uma relação madura com a fragilidade que nos habita.

Em geral, na raiz dessa dificuldade está a imposição de um *eu* nascido e alimentado pela expectativa de alguém que não soube lidar com a fragilidade alheia. Essa inaptidão costuma ser herança recebida. A pessoa que priva e tolhe a manifestação da sensibilidade do outro foi vítima da mesma crueldade.

Ao longo de minha vida de escutas, pois o meu ofício me permitiu ouvir muitas pessoas, deparei-me com muitos filhos portando profundas feridas emocionais, marcas indeléveis na personalidade, porque não puderam ser fracos diante de pais que os projetaram, desonestamente, para uma frieza impossível de ser administrada. Porque também viveram o mesmo processo desastroso da negação, pais e mães repetem com os filhos o mesmo erro que cometeram com eles.

A negação da fragilidade é causa de muito desconforto para quem precisa conviver com ela, pois impacta de maneira direta na lida diária que precisamos ter com nossos sentimentos. Somos naturalmente frágeis. Nascemos envolvidos por uma profunda indigência física e emocional. A primeira experiência que fazemos no mundo é depender de cuidados alheios.

Num primeiro momento, o saber-se cuidado não passa pela razão já que ainda não somos capazes de racionalizar a experiência. O saber, se assim podemos dizer, é meramente emocional, fruto do conforto físico que gera o conforto das emoções.

A criança percebe que está sendo suprida, cuidada, amada, mas ainda não sabe o significado do que experimenta, porque não dispõe da capacidade de interpretar o cuidado que recebe. O afeto ainda não recebeu o abraço da razão. E, ainda que o entendimento seja meramente emocional, o "saber-se" amado, nessa primeira fase da vida, é fundamental para a construção de uma psique saudável e harmoniosa. É tão fundamental que a experiência dos primeiros cuidados fica registrada em nós em definitivo, gerando, mais tarde, um comportamento, determinando a nossa forma de pensar e sentir a relação com o outro.

Não somos por acaso. Somos um emaranhado de construções emocionais que repercute diretamente no nosso jeito de ser e estar no mundo.

Pois bem, tão logo a criança vai se tornando capaz de perceber e entender a experiência de ser cuidada, passando a interagir com seus cuidadores, reconhecendo neles o lugar que alivia e descansa, a relação de amor começa a ser compreendida a partir de algumas regras. À medida que vai amadurecendo, a criança vai identificando que o cuidado amoroso que recebe, em boa parte das vezes, passa pela aprovação de seu comportamento. Sim, a meritocracia é desde muito cedo ensinada. Recebemos porque nos comportamos, ganhamos porque correspondemos ao que nos foi pedido. A aplicação da regra é feita baseada em boas intenções. Querem que a criança identifique que já pode participar na construção do mundo que satisfaz suas necessidades. Não se trata de uma participação efetiva, pois a criança ainda é incapaz de sair de si, ainda está condicionada por limites físicos, não tem a destreza suficiente para fazer algo por si mesma, mas participa colaborando com o comportamento, correspondendo ao que os outros solicitam dela.

É claro que se trata de uma relação salutar, necessária, mas não podemos negar que há um grande risco implícito nela. Posto que a criança ainda não está madura para compreender as difíceis regras da meritocracia, existe sempre a possibilidade que ela identifique que só é amada porque corresponde ao que os outros esperam dela.

É nesse ponto que esbarramos no grande risco da negação da identidade, quando assumimos um comportamento que recebe a aprovação do outro, menos de nós mesmos. Foi o que aconteceu com Henrique.

O eu imposto, impostor

Naquele dia Henrique completava 18 anos. Sua história era triste. Eu o conheci no tempo em que morei no Paraná. Henrique cresceu ouvindo a velha história: *homem que é homem não chora*. O reforçador da cantilena dentro de casa era seu pai, um homem que também foi vítima da mesma história mentirosa. O círculo vicioso se cumpria dentro daquele lar. Acontece. Costumamos reforçar no outro o que rechaçamos em nós. E entre Henrique e o pai não foi diferente.

Henrique não era o homem frio que seu pai imaginava. No entanto, fingia ser. Todos os dias, o *eu* imaginado era nele reforçado por meio da relação com o pai. Desde os 13 anos, Henrique dividia o tempo entre o colégio e o supermercado da família. A proximidade com o pai era grande. Sempre que sentia os movimentos de sua sensibilidade querendo aflorar, Henrique se apressava em construir os bloqueios emocionais que impediam o afloramento. Funcionou a vida inteira. A um custo alto, mas funcionou. Tudo ruiu na noite do aniversário.

A família estava reunida. Seria servido um jantar. Henrique já tinha bebido um pouco além do que estava acostumado. Logo após cantarem os parabéns, a brincadeira começou. Todos pediam que o aniversariante fizesse um discurso. Henrique relutou, mas não pôde resistir à pressão da família reunida. Ele começou agradecendo pela vida. Falou das pessoas que foram importantes na sua construção humana; quando citou sua mãe, Henrique foi tomado por forte emoção. Tentou segurar, mas não obteve sucesso. O vinho deve ter facilitado a baixa da guarda que ao longo da vida fez questão de manter para escudar a premissa aprendida pelo pai de que *homem que é homem não chora*.

O silêncio prevalecia. Todos estavam respeitosos com a emoção do rapaz. Depois de citar a mãe, Henrique cruzou os olhos com ela e, como se estivesse encorajado a trazer à tona o *eu* sensível que durante anos permanecia esmagado sob a pele, desabou num choro inconsolável. Uma surpresa para todos. O rapaz que até então todos conheciam como frio, calculista, equilibrado, de repente estava sem o controle das emoções. Foi então que o pai quebrou o silêncio. E o fez da pior forma: "Pronto, Henrique, agora você pode voltar a ser homem!". Henrique fingiu não ouvir e continuou dando vazão à sua emoção. O pai interveio novamente: "Tá parecendo um viadinho!".

A resposta de Henrique foi imediata. Partiu para cima do pai e o agrediu. Um soco no rosto foi o suficiente para derrubar o homem que até então parecia ser, aos olhos de todos, o seu melhor amigo. Henrique estava descontrolado. As agressões continuaram com o pai caído. Enquanto o agredia, gritava tudo o que calara ao longo da vida. Os familiares tentaram conter o rapaz. Impossível. Henrique estava tomado pela fúria. Com muito esforço, conseguiram levá-lo para fora de casa, mas, na rua, ele continuou sua purificação. Todos os *eus* impostos pelo pai foram expulsos naquele momento. O pai reagiu de maneira inesperada. Não correu para devolver as agressões. Limitou-se a dizer: "Henrique não entra mais nesta casa!". E assim foi.

Encontrei Henrique algumas semanas depois do acontecido. A tia que o abrigou me pediu que conversasse com ele. O que encontrei foi um menino absolutamente indefeso. Por mais que estivesse arrependido da forma como quebrou o código mentiroso estabelecido entre ele e o pai, Henrique se sentia aliviado por ter gritado o que gritou. Ele se sentia acorrentado pelas imposições afetivas que o pai lhe impusera desde criança.

Confessou-me que tinha o hábito de se trancar no quarto para chorar. O direito de sofrer publicamente sempre lhe foi negado. O fato que o marcou muito, e que parecia ter sido o ponto inicial do falseamento da fragilidade, foi a morte de Rob, um cão que lhe foi dado de presente por um primo. Embora a morte tenha lhe causado profunda dor, o pai não lhe permitiu demonstrá-la. No entanto, a cena que antecedeu a morte nunca pôde ser esquecida. Rob agonizando para morrer, Henrique encostado no portão da casa, e o pai chutando o cãozinho para lhe apressar a morte. O pai olhava para Henrique e dizia: "É só um cachorro, não chore!". Henrique disse que a cena era recorrente em seus pesadelos. Acordava no meio da noite com o choro preso, como se estivesse sufocado, provocando uma reação física extremamente desconfortável.

Desde a morte de Rob, a relação entre os dois nunca mais foi saudável. Do pai, Henrique recebia diariamente o *eu* imposto que em nada correspondia ao *eu* substancial.

Henrique precisava ser um menino de coragem, mesmo quando tudo nele ruía. Ele nunca teve forças para romper com a cadeia das imposições. A fragilidade prevaleceu da pior forma. Soterrada. E, assim estando, faltou-lhe a astúcia de arregimentar os recursos para a quebra da prisão onde ele mantinha sua verdade.

Eu perguntei a ele o papel de sua mãe em sua vida, afinal foi a referência a ela que desencadeou a emoção daquela noite. Ele ficou um tempo em silêncio, como se visitasse os quartos escuros de sua história. "Minha mãe sofre agressões do meu pai. Físicas e emocionais. Eu sempre quis salvá-la, mas não consegui." Na voz de Henrique havia um misto de tristeza e covardia. De alguma forma ele se tornou cúmplice do pai. Ao reproduzir o papel imposto por ele, negou em si a sensibilidade que poderia lhe dar condições de proteger a mulher que o trouxera ao mundo.

Não sei como Henrique sobreviveu aos desdobramentos daquela noite, tampouco como ajeitou em si as consequências dos anos que viveu alimentando um *eu* tão contrário a si mesmo. Pode ser que tenha conseguido consumar o novo nascimento que o olhar da mãe tinha lhe concedido naquele aniversário.

O *eu* substancial foi partejado pelas frases irônicas do pai. Frases que fizeram parte de sua história, tantas vezes escutadas ao longo da vida, de repente soaram estranhas aos seus ouvidos.

Não, não era a hora de deixar de chorar. Era o momento de começar a chorar, de deixar reencontrar o equilíbrio emocional, de deixar vir à tona a fragilidade que o habitava, o ser sensível que em nada o privava de ser homem, pelo contrário, aguçava ainda mais sua capacidade de ser grande, ser humano, ser inteiro.

O acontecimento favoreceu a expulsão do *eu* invasor. O olhar materno, libertador, em contraponto com a opressão paterna, fez partir em debandada o *eu* assumido que em nada havia contribuído para a sua realização pessoal. A vida deu a Henrique uma nova oportunidade. Embora tenha errado terrivelmente na forma como escolheu fazê-lo, ele deu um passo importantíssimo na direção de suas origens. Sim, nada pode ser mais enriquecedor do que retornar às origens. É a partir delas que temos condições de tomar contato com nossa verdade.

Foi o que Henrique fez. Depois de tantos anos subjugando suas emoções, falseando a sensibilidade, portando-se como um homem frio e calculista, tudo porque não queria desagradar ao pai, finalmente foi reconduzido ao caminho da autenticidade. A recondução iniciou uma reconstrução. Henrique decerto ainda enfrenta os desafios da retomada que resolveu viver. Despedir os eus acidentais que durante anos foram o rosto de nossa vivência é desafiador ao extremo. É como nascer de novo. Reencontrar as contrações que nos expulsam é doloroso. Mas ele precisa. Henrique necessita reinterpretar suas indigências. Ele carece, terapeuticamente, compreender a forma como seus pais lidaram com as suas indigências originais. Sim, a maneira como nossos progenitores cuidam de nossas primeiras necessidades são determinantes na formação de nossa personalidade.

Os administradores de nossa fragilidade original

Todo ser humano chega ao mundo determinado por limites. Físicos e emocionais. É uma determinação temporária, pois a autonomia, processo normativo que norteia a experiência humana, nos ajuda a administrar os limites que nos cercam. Alguns são temporários, outros são definitivos. O fato é que a primeira fase da vida é marcada por indigências que precisam ser socorridas. Como dissemos, a maneira como nossos responsáveis lidaram com as nossas necessidades iniciais deixa marcas profundas em nossa personalidade. Não sabemos muito bem como uma criança se sente emocionalmente quando negada em suas necessidades básicas, mas sabemos que muitas inseguranças são registradas no momento da negligência.

Desconhecemos a história do pai de Henrique. Não sabemos como foi sua infância, como seus pais lidaram com suas debilidades físicas e emocionais. No entanto, é muito provável que ele tenha sofrido o mesmo que depois, mais tarde, reproduziu com o filho.

O despreparo na lida com os filhos é muito comum. Não há universidades preparatórias para os exercícios da maternidade e da paternidade. As funções biológica e social são desdobramentos práticos que vivemos. Se a vida seguir o fluxo natural, chegará o momento em que o homem se tornará pai, a mulher se tornará mãe. Serão colocados diante do grande desafio que é acompanhar o desenvolvimento de seus filhos.

Como não houve um preparo para o desempenho do ofício, eles serão pais e mães a partir da experiência que tiveram como filhos. O ponto de onde partem é a relação que viveram com seus pais. Eles foram filhos, trazem em si o resultado dos modelos que receberam. Não podemos generalizar, mas é muito comum que pais e mães reproduzam com seus filhos os mesmos erros que cometeram com eles. O contrário também é verdadeiro. Quando há sabedoria e esclarecimento, muitos se esforçam para não reproduzirem com seus filhos os comportamentos que reconheceram inadequados em seus progenitores.

A educação de um filho é um desafio nobre, mas exigente. Consiste em ter a habilidade de exercer uma autoridade específica para cada tempo, uma modalidade de amor para cada época. Como já dissemos, a primeira fase da vida de um ser humano é marcada por muitas indigências. Nascemos com muitas incompletudes. Nos primeiros anos, a fragilidade nos habita e nos determina. Hospedamos na carne o limite de sermos criaturas. Precisamos ser cuidados, socorridos, pois somos incapazes de fazer qualquer gesto por nós mesmos. Na primeira fase da vida, somos totalmente gerenciados pelos nossos limites. As pessoas que nos cercam são as que nos socorrem, fazem por nós o que ainda não somos capazes de fazer sozinhos.

A mãe costuma ser a primeira a assumir essa tutela. A ela, ou quem exerce a sua função, cabe a responsabilidade dos primeiros alimentos, dos primeiros banhos, do primeiro amor. Um vínculo estreito que se estabelece e é levado em nós, ainda que de forma inconsciente, até o fim da vida.

Somos frágeis. Nascemos determinados por limites físicos e emocionais. É próprio de nossa condição humana. E ainda que ao longo do nosso desenvolvimento possamos adquirir destrezas que nos ajudem a lidar com os limites, eles nunca nos deixarão.

O corpo humano é um organismo formidável, capaz de desenvolver inúmeras habilidades, mas também é condicionado por muitas limitações. A pele, por exemplo, não resiste ao calor do fogo. Uma pessoa que já está em pleno acordo com as regras do corpo não precisa de ninguém que a alerte sobre as situações que podem colocar em risco a sua integridade. No entanto, uma criança que ainda não desfruta de entendimento, sim. Portanto, a primeira tutela que recebemos ajuda-nos a lidar com as regras do corpo, impedindo que ele seja exposto aos riscos que poderiam prejudicá-lo.

A nossa constituição não se limita a ser corpórea. Há em cada um de nós uma dimensão complexa que extrapola a dimensão física. Somos um corpo que abriga emoções. E, da mesma forma como os limites físicos são determinantes na primeira fase da vida, os limites emocionais também o são.

Somos emocionalmente limitados. Por sermos incapazes de lidar com o tempo, por exemplo, qualquer distanciamento que vivemos de nossa mãe parece ser uma eternidade.

O distanciamento é apavorante, pois não somos capazes de lidar com ele. As nossas emoções ainda não podem ser racionalizadas. Elas ainda são muito instintivas. Nenhuma explicação aplaca o nosso sofrimento. De nada vale dizer a um recém-nascido: "Calma, não chore. Sua mãe foi ao banheiro, mas já, já ela volta!". Ele está inteiramente comandado pelo limite das emoções. Qualquer distanciamento que o faça se sentir sozinho torna-se um tormento.

Nossas indigências emocionais motivam os nossos primeiros vínculos de dependência e amor. É a partir delas que somos envolvidos pela predileção dos que escolheram cuidar de nós. O outro fica rendido ao que de nós é limite. A nossa incompletude atrai, pede presença, cuidado. Vale a pena pensar sobre o quanto somos atraídos pelo sofrimento alheio. No entanto, não podemos nos estender nisso agora. Continuemos...

Assim como o corpo, os limites emocionais também podem ser superados. Embora não possamos nos livrar deles, à medida que vamos amadurecendo intelectualmente, as emoções passam a ser beneficiadas pelos entendimentos proporcionados pela razão. Sim, é a razão que educa os nossos sentimentos; por isso, é tão imprudente dissociar os dois atributos humanos. A razão corrobora ou desmente a emoção. Mesmo assim, ainda que estejamos constantemente amparados pelos recursos da razão, os limites das emoções nos acompanham, pois nem tudo a razão consegue organizar.

Sofremos quando perdemos alguém, quando somos traídos, quando precisamos lidar com desastres, tragédias.

Sofremos porque somos vulneráveis. A vulnerabilidade não pode ser erradicada. A maturidade pode até nos ajudar a lidar com ela, mas nunca deixará de fazer parte de nosso estatuto. E, por mais que a razão possa nos ajudar a construir as explicações que minimizam os efeitos dos acontecimentos sobre nós, ela não pode evitar que soframos por eles.

Na história que contamos, Henrique era prisioneiro de si mesmo. Movido pelas imposições feitas pelo pai, ele não viveu o processo normativo do amadurecimento das emoções. Tornou-se adulto, mas permaneceu cativo do medo de não ser amado. O pai não o ajudou a crescer emocionalmente. Ao impor ao filho um *eu acidental* que não correspondia ao *eu substancial*, condenou Henrique a permanecer na fragilidade da infância, privando-o de saber-se forte, inteiro, homem, mesmo quando estivesse movido pelo sofrimento e pelas lágrimas.

O pai ofereceu ao filho um *eu* que o negava. O filho, por ainda não ter a maturidade que lhe permitia escolher livremente, aceitou, pois identificou que só teria a predileção do seu progenitor se correspondesse ao que esse esperava dele. O pai, numa tentativa de contribuir para o amadurecimento emocional do filho, acabou fazendo o contrário. Acontece. Como dissemos anteriormente, nem sempre as pessoas que exercem autoridade afetiva sobre nós são conscientes dos males que nos causam quando nos privam de fomentar e fazer florescer a nossa verdade. O despreparo induz ao erro, sobretudo quando estão no exercício da autoridade imposta pela obrigatoriedade do sangue. O medo de errar gera insegurança, equívocos e imposições que dificultam o amadurecimento das emoções.

A reprodução inconsciente de um comportamento é mais comum do que imaginamos. Porque não foi capaz de se reconciliar com sua história de sofrimento, uma pessoa pode impor a outras o mesmo sofrimento do qual foi vítima, ou outro ainda pior. E não o faz por maldade, mas por um limite. Faltou-lhe o conhecimento, a única chave que pode abrir o calabouço de nossos traumas. E, quando não há o esclarecimento e a consciência do erro cometido, fica difícil atribuir responsabilidade à pessoa que cometeu o erro.

Quando não somos livres nos atos que praticamos, não somos responsáveis por eles. É árdua a questão. Requer descer alguns degraus na ética que o senso comum pratica. Sim, nem sempre as nossas ações são livres. Nós fizemos, nós realizamos, mas não éramos livres quando estávamos na cena. Nem sempre somos plenamente responsáveis pelos resultados de nossas escolhas. Nós até assumimos as consequências, pois não orbitamos num contexto ético que seja capaz de fazer uma leitura mais aprimorada do agir humano. Ainda somos rasos em nossos julgamentos e abordagens. Talvez evoluamos para um entendimento mais assertivo sobre a relação entre os atos que praticamos e a liberdade de que dispomos. Contudo, uma coisa já é certa: quando não somos livres na ação que fazemos, não somos responsáveis por ela.

Essa é uma reflexão complexa, pois a liberdade interior não pode ser medida, mensurada. Como é que podemos saber se uma ação foi livre ou não? Não é fácil, mas podemos compreendê-la a partir de alguns indicativos. Um ato é essencialmente livre quando realizado sem a imposição de condicionamentos, quando a pessoa que o realiza está em pleno acordo com sua consciência, livre de toda névoa que possa perturbar a sua capacidade de decisão.

No mundo jurídico temos muitas situações assim. Um exemplo clássico são os "crimes cometidos sob o domínio de violenta emoção". As emoções podem nos retirar por completo do âmbito da decisão livre. Quando expostos ao extremo da ira, por exemplo, podemos perder temporariamente a capacidade de decidir. Então, esquecidos de que a vida é um valor absoluto, matamos o outro. É certo que, se não estivéssemos sob o comando da ira, estaríamos sob o comando de nossa vontade, território em que as ações livres são articuladas. Não estando no eixo no qual as decisões são feitas sob a luz da consciência, ficamos expostos aos comandos de sentimentos que não são resultados de nossa liberdade interior, aplacando assim a nossa responsabilidade por termos feito o que fizemos.

A questão é instigante e fica mais bem entendida quando a conciliamos com a experiência do autoconhecimento. Voltemos os olhos para o que já sabemos de nós. Até quando achamos que estamos escolhendo livremente, pode ser que não estejamos. Os condicionamentos são inconscientes, desconhecidos de nós. Eles ditam ordens ao nosso consciente. A essas ordens obedecemos sem perceber que o fazemos. Algumas pessoas, por exemplo, são naturalmente caridosas. Fazem o bem sempre que podem, mas a bondade que praticam não é um ato livre. Como sabemos? Identificando que elas têm necessidade de reconhecimento pelo bem que fazem. A caridade que praticam acaba sendo uma moeda de troca. Por motivos que desconhecemos, muitas encontram no altruísmo uma forma de preencher lacunas afetivas. O bem que fazem não é válido? Em partes. O bem é um movimento que beneficia quem dá e quem recebe. Entretanto, quando a bondade é resultado de uma necessidade de chamar atenção, de lustrar o ego, aquele que a promove recebe muito pouco do que realmente poderia receber, caso o ato fosse livre e desinteressado. Fazer o bem, promover a justiça, favorecer os que necessitam de ajuda são ações que comportam em si uma infinidade de bênçãos. Quando nós as realizamos sem ter como fim o reconhecimento dos outros, elas nos dão a agradável sensação de dever cumprido. É um conforto íntimo, particular, que não precisa ser colocado na vitrine. Fizemos por nós e pelos que receberam. Não ficamos dependentes do aplauso alheio. E continuaremos fazendo, mesmo quando não formos reconhecidos pelo que fizemos, pois o que move a nossa caridade é a consciência iluminada, é a decisão livre.

Voltemos à nossa história. Já sabemos que o pai do Henrique errou na educação do filho. Mas há uma pergunta que precisa ser feita: ele foi livre para escolher não errar?

É bem provável que não. Por não ter tido a oportunidade de se entender e de descobrir e sarar as feridas causadas pelos que exerceram autoridade afetiva sobre ele, acabou reproduzindo com o filho o que considerou ser o certo. Ele certamente foi movido pelos motivos inconscientes, pelos traumas que se perpetuaram em sua memória e não foram terapeutizados, pois não teve oportunidade de fazer isso. A chave para essa leitura foi o próprio Henrique quem nos deu, pois contou que o pai tinha o hábito de citar o avô como exemplo, relatando que fora educado por ele para ser "homem".

O "ser homem" para o pai de Henrique consistia em não ser frágil, em não expor sentimentos, em criar uma couraça que escondia toda e qualquer forma de fragilidade. A armadura usada tinha como objetivo esconder o homem frágil que a habitava.

O resultado foi desastroso. O pai de Henrique tornou-se um homem violento. Era com a esposa, foi com o filho. Violências físicas e emocionais. Ainda assim, ele não foi completamente livre em sua escolha, pois seguia um comando interior. Obedecia a um estatuto que desconhecemos, um estatuto escrito pelos que tiveram autoridade afetiva sobre si, os quais provavelmente formataram o seu caráter sob a imposição de medos e inseguranças.

O inconsciente é a cidade interior em que se alojam os que escreveram o nosso estatuto. Ele é desconhecido, mas atuante. O fato de não nos lembrarmos mais das pessoas, dos acontecimentos, não significa que não continuem tendo acesso aos nossos comandos, ordenando as nossas ações.

Os nossos traumas vivem sob sombras. É no subsolo do misterioso inconsciente que nossas experiências traumáticas se alojam. Elas nunca se despedem de nós, contudo podem ser enfraquecidas. O trazer à luz da consciência já é um primeiro passo. Sem o enfrentamento, nós não alcançaremos êxito na lida com nossos medos, traumas, limites, situações alimentadas por motivos inconscientes que nos levam a reproduzir com os outros o que tanto lamentamos que tenham feito conosco.

Nossas respostas comportamentais estão sempre impregnadas de motivos inconscientes. Acessar esse calabouço misterioso da mente é sempre um desafio. As experiências terapêuticas nos ajudam a perceber que só o autoconhecimento pode minimizar suas influências sobre nossas ações.

À medida que esclarecemos nosso estatuto, que conhecemos melhor as regras emocionais que nos formataram, o passado que trazemos sedimentado nos arquivos das idades que estão em nós, vamos nos tornando mais aptos no controle dessas respostas.

Um exemplo simples. Se por meio de um processo terapêutico eu descubro que fui rejeitado por meu pai, e que essa rejeição passou a provocar em mim uma agressividade que se manifesta toda vez que experimento algum risco de rejeição, passo a exercer comigo um controle maior do sentimento que me ocorre quando a rejeição bater à minha porta. A consciência que tenho dos motivos do medo assume o comando. Sendo assim, posso lidar melhor com a possibilidade de ser rejeitado, travando a resposta agressiva, lidando com mais equilíbrio com as circunstâncias.

Veja bem, a resposta do adulto está intimamente ligada ao trauma da criança. A agressividade de hoje não é por acaso, mas fruto de uma frustração que não foi bem administrada no passado, num tempo em que eu não era capaz de colocar um filtro na rejeição recebida. A criança é indefesa.

Física e emocionalmente. Ela não é capaz de filtrar o sentimento que recebe. Ainda não dispõe de senso crítico que lhe possibilite entender que o que lhe chega do outro não precisa ser necessariamente assimilado.

É claro que o exercício de filtrar o sentimento recebido também não é fácil para o adulto. Estamos sempre aprendendo a fazê-lo. Aliás, a maturidade emocional é que nos capacita para tão exigente desafio. Sabemos que o amadurecimento afetivo não é mensurável, mas este é um bom indicativo: o quanto somos capazes de filtrar o que o outro emocionalmente nos entrega.

Prossigamos. Diante dos resultados de um trauma, se ainda não somos conscientes de seus motivos, é natural que sigamos reproduzindo os frutos nocivos de suas consequências. No entanto, se já estamos cônscios de suas razões, se já concluímos que seus motivos são inconsistentes, pois já se desfizeram com o tempo, então nós os encaminhamos à engenharia de ressignificações.

Uma forma eficaz de reorganizar e ressignificar esses traumas é racionalizando-os. Na história de Henrique, identificamos que a supressão da sensibilidade foi causada pelo medo de ser rejeitado.

Digamos que você também experimente em si as consequências de uma rejeição paterna. De vez em quando, sem que entenda o motivo, a sua memória lhe traz um acontecimento que lhe faz ressentir a rejeição de seu pai. Uma rejeição pontual, motivada por alguma coisa que você tenha feito e o lhe tenha desagradado.

Pois bem, o que você pode fazer com essa lembrança? Pode reforçá-la, dando à rejeição a oportunidade de novamente crescer em si, ou pode fazer a ressignificação, dizendo a si mesmo que a rejeição de seu pai não faz mais sentido, que ela não precisa ser ressentida. Já passou, pertence aos tempos idos de sua história, e as inseguranças daquele tempo não precisam mais prevalecer.

Diante do medo de ser rejeitado, eu me posiciono. Digo a mim que sou um adulto que pode perfeitamente compreender os medos da criança que me habita e que eles já prescreveram. Eu cresci, tenho um valor que independe da aprovação do meu pai. Sou um homem capaz de estabelecer relações saudáveis, vínculos frutuosos, e não é problema que algumas pessoas não gostem de mim como eu gostaria que gostassem.

Veja bem, com esse posicionamento, a rejeição que prevaleceu no passado recebe nova interpretação no presente. A nova interpretação precisa ser alimentada diariamente, pois é o hábito que nos permite reconstruir a compreensão, fazendo-nos chegar a uma nova consciência de nós mesmos. Quanto mais a consciência estiver movida pelos argumentos lógicos do adulto que hoje sou, muito mais as forças inconscientes da rejeição perderão a sua força impositiva.

A linguagem participa de forma ativa nessa reconstrução. É preciso dizer a si mesmo que as inseguranças que despertam a agressividade não fazem mais sentido. O passado não precisa continuar regendo o presente. E, assim, a criança acuada que temos em nós recebe a oportunidade de ser curada. A cura é um resultado da reinterpretação. Com os recursos de hoje, olhamos para o passado. O processo terapêutico consiste em metaforicamente retornar ao contexto do trauma, ao momento em que a insegurança se estabeleceu. Munidos com os recursos que nos foram dados pela maturidade, pelo tempo, podemos reinterpretar a nossa história. Da reinterpretação nasce a ressignificação, o entendimento que nos liberta das cadeias que até então nos aprisionavam.

Em proporções diferentes, todos nós precisamos reinterpretar o que vivemos. A reinterpretação do vivido faz parte do processo do autoconhecimento. Por sermos determinados por limites físicos e emocionais, as primeiras fases da vida deixam marcas profundas em nossas personalidades. E como não podemos nos livrar definitivamente dos limites, pois eles evoluem e nos acompanham nos diferentes ciclos da existência, todo o nosso processo humano precisa ser constantemente terapeutizado, uma vez que o olhar sobre nós mesmos é determinante para a nossa realização humana.

O limite original

A experiência humana é construída e perpassada por inúmeros aprendizados. Por também sermos conduzidos por instintos e impulsos desordenados, tudo em nós precisa ser educado, submetido aos processos de adequações que harmonizam as nossas condutas. A experiência do autoconhecimento nos coloca em contato com o nosso estatuto, faz com que tenhamos diante de nós os desafios que necessariamente precisamos enfrentar, o território que precisaremos educar.

Para cada etapa da vida há uma pauta a ser aprendida, assimilada, disciplinada, incorporada. No entanto, há um aprendizado que será necessário em todas elas, pois faz parte dos processos normativos impostos pelo nosso estatuto. Querendo ou não, teremos de aprender a lidar com os limites que cercam e condicionam a nossa existência.

Enquanto lidamos com eles, tendemos a buscar formas de interpretá-los, superá-los ou até suplantá-los de maneira ingênua. Posto que dificilmente nos ensinam a interpretar os limites como algo positivo, como indicativos que nos humanizam, articulamos maneiras que nos façam esquecer que eles estão em nós. Tudo em vão. As religiões, por exemplo, por mais que nos proponham tomar posse de forças sobrenaturais que nos façam superar o contexto de nossas fraquezas, jamais poderão nos retirar da condição de criaturas limitadas, seres que sofrem as demandas do tempo e do espaço, das ambiências que nos cercam, das situações que nos condicionam. Somos criaturas que experimentam a vida sob o comando das horas, das estruturas que findam, das tramas humanas que nos arrancam risos e lágrimas, mas que podem descobrir um encanto incomensurável em serem assim.

A fragilidade humana é irrenunciável. Não é uma realidade que pode ser superada, suprimida, ainda que vivamos em constante processo de superação. Sim, o ser humano é capaz de superar-se, vencer-se, alcançar o melhor que há em si, porém esse melhor também tem um limite. Um atleta, por exemplo, poderá, mediante treinamentos e uma vida disciplinada, alcançar o máximo de seu desempenho. Contudo, em algum momento, esbarrará no limite de seu corpo, de suas limitações genéticas. Ele carrega em si a possibilidade de se tornar invencível e insuperável, mas é uma invencibilidade demarcada. Chegou ao máximo do que de si podia, arregimentou suas disposições genéticas, conciliou-as com treinamentos intensos; ainda assim, por ser condicionado por uma limitação original, em algum momento do processo identificará que não consegue mais. Como dizemos costumeiramente, "chegou ao seu limite".

Na dinâmica da trama humana, também podemos falar de superação emocional. Nós também podemos amadurecer, alcançar padrões altamente civilizados de comportamento, desenvolver um equilíbrio que nos ajudará a enfrentar situações de limite. É possível desfrutar de uma maturidade emocional que nos livre das dependências afetivas, dos ciúmes doentios, da inveja, do pessimismo. No entanto, também é inevitável que, em algum momento da vida, por mais que estejamos na posse de nosso controle emocional, esbarremos em nosso limite emocional, que sejamos alçados pelo desespero, que percamos o prumo e descambemos para os territórios das indigências dos afetos.

É compreensível. Embora tenhamos uma natureza sublime e sejamos essencialmente portadores de dignidade, somos insuficientes, precários, propensos aos desequilíbrios. Sim, somos sublimes, capazes de experimentar a transcendência, o movimento místico que nos capacita a apreciar a beleza, a bondade e a verdade. Somos sublimes por natureza. Há em nós um movimento que nos faz ultrapassar a terceira margem do rio, a mesmice das coisas, a superficialidade da matéria. Somos capazes de criar mundos imaginários, reunir palavras que desvendam o sentido que buscamos, palavras que aliviam o fardo da existência, que curam corpos e almas, e que nos ajudam a suportar o peso dos dias.

Está em nós a habilidade de extrair da matéria bruta da realidade as delicadezas da transcendência, a renda primorosa que deita adorno sobre a carne da vida. Essa dimensão sublime, porém, não erradica os limites que hospedamos. Aliás, a dimensão sublime se manifesta também a partir do limite. A arte é um bom exemplo disso. As maiores expressões artísticas que o mundo conheceu nasceram de homens e mulheres muito debilitados emocionalmente. A arte que produziram foi o resultado de incontáveis avalanches emocionais. Homens e mulheres a quem a realidade não bastava, necessitados de uma pós-realidade, um mundo inventado em que suas necessidades emocionais eram sanadas, no qual as dores da alma eram curadas.

Os limites estão arraigados nas estruturas de nossa vida. Sofremos dores físicas e emocionais. Aprendemos desde cedo esta regra: viver dói. Dói nascer, crescer, envelhecer. Dói amar, perdoar, perder, ganhar, esperar. Dói pertencer, ser deixado à margem, ser traído, e também dói viver a condição de traidor. Até a alegria dói, pois, enquanto está inebriando e entorpecendo a nossa mente, já deita sobre nós a sombra que nos comunica a sua finitude.

Iniciamos a vida sendo saudados pelo limite. Nascemos em processo de sofrimento. As contrações nos expulsam do ventre materno. O nascimento não é outra coisa senão o agrupamento de dores maternas e dores filiais. A expulsão é a primeira experiência que fazemos de deslocamento. O primeiro de muitos outros que ocorrerão ao longo da vida. Do conforto da simbiose natural à exposição a um espaço até então desconhecido, que nos impõe imediatamente a dependência dos cuidados que passam por escolhas. Sim, como dissemos anteriormente, se alguém não escolhesse cuidar de nós, teríamos perecido nas primeiras horas de vida.

No ventre da mãe nós desfrutamos do cuidado por derivação. A mãe nos protege ao se proteger, alimenta-nos ao se alimentar, descansa-nos ao descansar. Estando fora, não.

Careceremos de um movimento que passa a depender da escolha de alguém. O que antes era natural e consequente, deixa de ser. Não estando mais preso ao cordão que tudo nos supria, ficamos expostos à decisão de alguém querer ou não nos socorrer nas necessidades que não podemos cuidar por nós mesmos.

Nascemos incompletos. Essa incompletude nos coloca diante de criaturas que desfrutam de larga vantagem sobre nós. Um potro, por exemplo, com poucas horas de nascido, já pode se equilibrar e andar sozinho. Levamos quase um ano para realizar a mesma proeza. A nossa indigência nos primeiros anos de vida é extrema. Um recém-nascido é um ser absolutamente vulnerável. Carece inteiramente de outra pessoa. Está cerceado pelos limites de seu corpo e de suas emoções. Vive imerso nas urgências de suas necessidades. Sente fome, sede, frio, calor, precisa ser limpo, cuidado, mas não é capaz de mover um único dedo na direção das realidades que saciarão as suas necessidades. Ele é incapaz de sair de si. O limite o condiciona. Limites físicos e emocionais.

A primeira fase da vida é marcada pela imposição da dependência que vivemos de outros. Não há nada que possamos fazer por nós mesmos. Nem é possível precisar quando uma criança se torna capaz de realizar um primeiro gesto livre, autônomo, intencional, que possa indicar os primeiros rompimentos com essa dependência. Sofremos e causamos sofrimentos porque não compreendemos o limite que nos determina. De nada adianta dizer à criança que não chore, que aguarde calmamente porque alguém já está preparando o seu descanso. Não há condições para o entendimento. A palavra não diz nada à razão que ainda é incapaz de decodificar o significado que está sendo transmitido. O choro é a expressão de uma necessidade que não pode ser aplacada por intermédio de explicações, o que para um adulto é possível. Se estamos famintos e alguém nos diz "já estamos preparando um alimento para você", é natural que fiquemos mais tranquilos em relação ao desconforto da fome.

Entretanto, o recém-nascido ainda não desfruta das possibilidades da razão. A imaturidade cerebral o aprisiona em seu território de instintos. O cérebro ainda não é capaz de decodificar a complexidade do que está sendo dito. Nenhuma formulação verbal poderá aplacar o movimento instintivo de preservação que nele prevalece. A fome lhe dói diferente. O adulto, munido de maturidade racional, tem condições de compreender que ela não é definitiva. Ele dispõe da capacidade de compreender que poderá buscar pelo alimento que o mantém vivo. E, se for preciso, saberá esperar por ele. O recém-nascido, não. Ele não desfruta dessa mesma capacidade. Está completamente entregue aos limites que o condicionam; por isso, a fome o faz chorar. O choro é a expressão da coerência que lhe é possível. O limite lhe pesa, causa dor, desconforto, insegurança.

O recém-nascido é a expressão máxima da vulnerabilidade humana. O que nessa fase da vida experimentamos é único. É claro que essa vulnerabilidade se desdobra e pode retornar em alguns momentos – por conta de uma doença, por exemplo, uma intervenção cirúrgica que nos limite muito fisicamente, ou até mesmo uma invalidez temporária, enfim, acontecimentos que fazem parte da vida e que podem nos devolver aos braços dessa vulnerabilidade que experimentamos na primeira infância. Nada, porém, se aproxima da radicalidade com que a vulnerabilidade se manifesta no recém-nascido.

Outro exemplo, a velhice. Dependendo do quanto vamos viver, e dos limites que teremos, podemos voltar a tocar mais intensamente a vulnerabilidade inicial. Como se fosse um ciclo. O idoso pode reassumir necessidades muito semelhantes às dos recém-nascidos, porém nunca será a mesma experiência, pois na primeira infância a criança está aprisionada num estado físico e mental que a torna incapaz de explicar e solicitar o específico para a necessidade que enfrenta. Ele é completamente novo aos olhos de quem o cuida. Um idoso, por exemplo, já viveu, conviveu, teve tempo de se manifestar, deixar por escrito, esclarecer. Caso tenha perdido a lucidez, ofereceu um rastro histórico que proporciona aos cuidadores um entendimento que lhes permite presumir seus desejos. Já o recém-nascido não tem história, ele acabou de chegar.

A nossa vida começa assim, sob o peso do limite que nos aprisiona em nós mesmos. A trama da existência é inaugurada sob a regência da vulnerabilidade. Como dissemos anteriormente, a primeira experiência que fazemos de nós está intimamente ligada à experiência que fazemos do outro. Mesmo que inconscientes, pois ainda estamos limitados pela incapacidade de compreender o lugar em que fomos colocados, o primeiro registro que fazemos do nosso mundo pessoal está estreitamente ligado ao mundo que nos foi oferecido pelos outros. Se na primeira fase da vida nos oferecerem amor e confiança, registraremos amor e confiança na memória das primeiras horas, dos primeiros dias, dos primeiros meses, dos primeiros anos. Se nos negligenciarem o cuidado com nossas indigências, registraremos a insegurança que advém de nossa vulnerabilidade desprotegida.

Não somos fruto do acaso. Tudo o que se manifesta em nós, ao longo da vida, tem estreita ligação com os registros iniciais de nossa história. Podemos falar de registros na vida intrauterina? Sim, podemos. Sabemos que as experiências vividas pela mãe deixam marcas na criança. É claro que se trata de um tema ardiloso ao extremo. Como vimos no início, a neurociência ainda não conseguiu armar definitivamente o grande quebra-cabeça que é a mente, tampouco localizá-la na estrutura cerebral. O que sabemos nos chega muito mais por um conhecimento prático, advindo da experiência que fazemos de nós e dos outros. O fato é que a relação simbiótica com a mãe gera inúmeras derivações emocionais na criança. Uma vida inteira esclarecida no divã e ainda não teremos descoberto tudo o que de nossa mãe ficou em nós.

Pois bem, não somos por acaso. Nosso jeito de ser está intimamente ligado às primeiras experiências que fizemos junto aos que nos receberam e cuidaram de nós. E o limite é a porta por onde entram e saem todos eles. Os que administraram nossas necessidades deixaram marcas indeléveis em nossa personalidade, ainda que não saibamos precisar quais foram.

Quem nos recebeu e administrou a saciedade de nossas primeiras necessidades acolheu o limite que tínhamos. E só nos tornamos possíveis porque esse limite foi assumido por eles em cada fase de nossa vida. Necessidades e intensidades de cuidados diferentes. Os que nos amaram nos conduziram, bem ou mal, até o momento em que pudemos autonomamente cuidar de nós mesmos, ou, se preferir, depender com menos intensidade.

É natural que essa reflexão nos faça pensar nos rostos dos que compõem o mosaico de nossa história. Pessoas que se dispuseram a nos oferecer os cuidados de que necessitávamos. Foram elas que viabilizaram o ser que hoje somos, que nos permitiram vencer as primeiras e determinantes fases da indigência.

Ao nos dispensarem o cuidado, ajudaram-nos a internalizar o lado positivo do limite. É a partir dele que amamos e somos amados. Ao perceber a fragilidade que há no outro, posso ser movido naquilo que tenho de mais generoso, gratuito, livre e autônomo. A nossa capacidade de amar é reforçada sempre que livremente amamos, escolhemos acolher os que necessitam de nós.

Esse aprendizado também tem dimensões inconscientes. Fica em nós o registro de um amor quando não oferecíamos nada em troca. Éramos um poço de necessidades, e só. Nada em nós podia ser oferecido. Tudo solicitava, queria, desejava. E, com fúria, sem paciência, sem temperança. Estávamos completamente entregues aos ditames do limite. Não éramos capazes de um só gesto de amor, pois o amor só é possível aos livres e maduros. No entanto, precisávamos ser amados.

O amor recebido na primeira infância é pedagógico, pois pode nos dar uma leitura positiva da indigência. Sabemos que não é fácil compreendê-la assim, é necessário que nosso olhar sobre ela não seja de rejeição. Quanto mais rejeitamos uma fraqueza, muito mais ela nos domina e exerce influência sobre o nosso agir.

Sabemos que o limite nunca nos deixará. Contudo, podemos aprender a lidar com ele. O amadurecimento humano nos permite desenvolver a habilidade de administrar os limites que nos são inerentes. É por isso que a mãe tem tanta importância na memória afetiva do filho. Dentro dos modelos de agrupamentos humanos que prevaleceram na humanidade, ela sempre foi a principal responsável pela administração da indigência inicial do filho. É claro que há exceções a essa regra. Inúmeras pessoas foram cuidadas pelas figuras paternas, por avós, avôs, tios, irmãos, e até mesmo por desconhecidos. Hoje, as funções são muito mais partilhadas na administração da vida da criança. A figura materna sempre prevaleceu nas sociedades como aquela que mantinha a indigência filial sob tutela.

Pois bem, pensar o limite original remete-nos naturalmente aos monturos do passado. Sendo assim, convocamos a memória afetiva, retiramos o véu do esquecimento, vemos emergir as histórias que nos revelam e nos confessam, ficamos face a face com os que um dia nos socorreram em nossa indigência. Homens e mulheres que ouviram o clamor de nossa vulnerabilidade; que, movidos por solidariedade e compaixão, realizaram o movimento que nos curou, ainda que temporariamente, das consequências do limite que nos põe sob rédeas.

Do ser indivíduo ao ser pessoa

A primeira fase da vida é marcada pelo extremo da vulnerabilidade. Não somos capazes de compreender os outros como outros. Tudo o que vemos e sentimos é compreendido como uma extensão nossa. Por isso, somos incapazes de sair de nós e viver qualquer forma de reciprocidade.

A indisposição ao outro é um desdobramento natural de nossa incapacidade de divisão existencial. Absolutamente determinados pelo limite, de todos necessitamos, sem poder oferecer nada. A vulnerabilidade nos faz reclusos, indivisos. Tudo em nós clama por ajuda, mas nada em nós pode ajudar.

Para darmos continuidade à reflexão, recrutamos agora o conceito de *indivíduo*. Ele vai nos ajudar a refletir sobre o processo de amadurecimento que precisamos viver, que nos arranca da total necessidade, possibilitando-nos alcançar o horizonte da generosidade existencial.

Salientamos que os conceitos de indivíduo, pessoa e sujeito aparecem como sinônimos em muitos campos do saber, mas também com conotações muito distintas. Na teologia, por exemplo, seria impossível falar do mistério da Santíssima Trindade a partir do conceito de indivíduo. O dogma estabelece *pessoa* como eixo conceitual. Na medicina, os três conceitos são utilizados indistintamente para designar pacientes que compõem grupos que participam de pesquisas. Na filosofia, a diferença aparece com mais clareza. Para São Tomás de Aquino,[31] "pessoa" significa o que é distinto, ao passo que "indivíduo" quer dizer o que é indistinto. Percebemos que a diferenciação tomista coloca um aspecto pejorativo ao conceito de indivíduo, uma vez que ser indistinto é o mesmo que não ter definição, que não pode ser separado dos outros, que vive em sombras, sem lógica e sem evidência. Já o conceito de "pessoa" é positivo. Ser pessoa é ser distinto, é gozar de originalidade.

Na sociologia, o caráter pejorativo também prevalece na abordagem conceitual de indivíduo, colocando-o como um ser desprovido de status social, diferente da pessoa, que desfruta do oposto.

Pois bem, aqui abordaremos o conceito de indivíduo como um ponto inicial do processo humano. Nascemos indivíduos, incapazes de dividir quem somos, inaptos a perceber a diferença entre nós e os outros.

Embora tenhamos em nós todas as possibilidades de nossa preciosa condição humana, o limite nos aprisiona num temporário estado de individualidade. Nesse estágio, podemos identificar o que São Tomás de Aquino compreendeu como negativo na condição de indivíduo. Não poder se dividir, se doar, faz com que o "ser" permaneça sob sombras, incapaz de fazer brilhar a dimensão virtuosa que o habita.

---

31. Nascido em Roccasecca, na Itália, em 1225, Tomás de Aquino foi um frade que entrou para a história do pensamento ocidental como um dos mais importantes pensadores de todos os tempos. Após assimilar com propriedade a filosofia de Aristóteles, a quem ele chamava de "o filósofo", Tomás fez uma inteligente leitura da fé cristã à luz do pensamento aristotélico. Foi canonizado santo em 18 de julho de 1323.

A realização humana só é possível na experiência de ser *para* e *com* os outros. Fechado em si, o ser humano deixa de superar os condicionamentos do limite, pois é no gesto de partilhar o que é, e na proeza de amar e ser amado, que ele aprende a compreender o limite como um aspecto positivo. Como vimos, na primeira infância, carecemos radicalmente do movimento cuidadoso que nos resgata de nossas indigências. Depois, se somos despertados para isso, essa necessidade perde o tônus, enfraquece, dando lugar a um novo posicionamento: descobrimos que também somos seres capazes de cuidar. De nós e dos outros.

Sendo assim, uma reconciliação com a fragilidade torna-se possível. Não há nada nem ninguém que possa nos arrancar da condição de seres limitados, mas podemos nos auxiliar mutuamente nessa lida com a indigência que nos habita.

O cuidado que recebemos e oferecemos não desintegra o limite, mas minimiza suas consequências. Nosso estatuto humano está assim escriturado. Ainda que estejamos amparados pela fraternidade dos que nos acolhem no mundo, ainda que estejamos sob a tutela dos que escolheram nos amar por meio da concretude do cuidado, a vulnerabilidade não desimpera. O amor ameniza, mas não erradica o vulnerável de nossa condição.

Mas amar é um aprendizado. Precisamos ser educados para o amor. Não deveria ser natural em nós o ato de amar? A vida nos mostra que não basta ser proprietário de um potencial. É preciso colocá-lo para crescer. Sim, o ser humano é capaz de amar; entretanto, para chegar a essa capacidade, precisará viver um longo e difícil processo. Precisamos ser educados para o amor, pois os limites que nos determinam na primeira infância nos condenam a uma severa individualidade.

Vamos aprofundar um pouco mais o significado de indivíduo. Vamos à raiz do termo. Nada melhor do que investigar o avesso da palavra. A investigação do conceito nos favorece compreender melhor a abrangência de seu significado. É natural que permaneçamos alheios à profundidade dos significados das palavras que usamos. Nossa pouca curiosidade vocabular nos faz desconhecer a origem do que costumamos dizer e escrever. A usualidade das expressões nos priva de uma investigação mais assertiva, condiciona-nos a roçar superficialmente a pele das palavras, e isso representa um grande prejuízo.

A compreensão da realidade que nos cerca passa pela capacidade que temos de decodificar as palavras que a emolduram. Há sempre uma cadeia conceitual contornando as nossas experiências. Embora não façamos de forma consciente, toda a nossa vivência está silenciosamente alinhavada por conceitos e definições. Compreender os conceitos que as palavras revelam qualifica as nossas vivências.

Pois bem, voltemos ao tema. O indivíduo é o ser que não pode se dividir. Por estar imerso no emaranhado de suas necessidades, ele é incapaz de sair de si, interagir, colocar-se à disposição do outro. O indivíduo é o ser indiviso, não dividual, o ser que não pode ser partilhado. Assim compreendemos a individualidade imposta pelo limite. Ela é consequência da incompletude que marca nossa chegada ao mundo. É compreensível. Quem ainda não dispõe de si também não pode dar-se a alguém.

Nossa individualidade é extrema e irrenunciável na primeira fase da vida. Não é resultado de uma escolha, mas de uma imposição. Somos incapazes de realizar um único movimento consciente que nos permita sair de nós, um gesto que nos coloque em atitude de partilha solidária. Nascemos individualistas. Não sabemos nem podemos quebrar os condicionamentos estabelecidos por nossas necessidades vitais. Não podemos olhar o mundo para além de nossas urgências biológicas. Elas nos comandam, elas nos determinam. Os instintos de nossa preservação arregimentam a mente, que, ainda incapaz de formular um movimento de saída, vive imersa no restrito de seu mundo.

O êxodo de nós mesmos ainda não é possível. Levamos tempo para obter a consciência dessa possibilidade. Sim, somente quando assumimos a capacidade de racionalizar o individualismo que nos comanda é que temos condições de reordenar o ser em sua essência, levando-o a conhecer o seu potencial de partilha e generosidade, proporcionando-lhe o belo e sofisticado processo de se tornar pessoa. Nascemos indivíduos, podendo nos tornar pessoa. Mas o que o conceito de pessoa nos sugere, diferenciando-se essencialmente do conceito de indivíduo?

No livro *Quem me roubou de mim?*, nós orbitamos em torno do conceito de pessoa. Tomamos a liberdade de retomá-lo agora.

Para os gregos, o conceito de "pessoa" está intimamente ligado às máscaras que eram usadas nos teatros. Pessoa é a personagem que a máscara escolhida proporciona. Repare que o conceito grego de pessoa se limita a alcançar a efemeridade da escolha. Ele não se compromete a alcançar a essência de quem usa a máscara. Pessoa é a transitoriedade do papel assumido.

Já no contexto semítico, do qual deriva toda a fundamentação judaico-cristã, pessoa é um conceito que se equilibra sobre dois pilares. Primeiro: pessoa é o ser que se possui. Segundo: pessoa é o ser que, se possuindo, se põe à disposição dos outros.

Essa complementariedade muito sugestiva, pois propõe um conceito que só se estabelece dentro de um movimento cíclico. O ser pessoa não se firma apenas na conquista de um dos pilares. É na mistura das duas conquistas que o conceito alcança a sua riqueza. Não é possível ser pessoa somente se possuindo, tampouco se oferecendo.

A reciprocidade entre os pilares do conceito sugere uma ação integradora, consistente, unindo pontas, colocando o ser que vive o processo numa perspectiva generosa, bonita e feliz. Ser pessoa consiste em ter-se, mas se oferecendo. Dois verbos dinamizando uma mesma ação, cooperativos, gerando um estado de vida.

Esse movimento generoso só é possível aos que se dispõem ao amadurecimento. Do indivíduo ao ser pessoa há um longo percurso a ser feito. Esse deslocamento conceitual, isto é, essa capacidade de ordenar as forças da existência, projetando-nos para uma nova forma de ser, despertando o *ser* que está fechado, indivíduo, nunca para o outro, para que viva a posse e a partilha de si, exige uma maturidade cerebral.

É interessante perceber isso. A nossa maturidade afetiva depende de maturidade biológica para se estabelecer. Sim, a vida emocional não pode ser desvinculada das capacidades cerebrais humanas. A nossa capacidade de amar depende da nossa maturidade cerebral. Como já vimos, a vida emocional é um derivado da vida cerebral. Somos físicos. E tudo o que em nós pertence ao contexto do que chamamos de espiritual, emocional, que não pode ser medido nem radiografado, deriva misteriosamente de nossa estrutura biológica cerebral.

Nascemos com potencial para a racionalidade, mas ela é um atributo humano que se desenvolve aos poucos. O cérebro precisa estar biologicamente maduro para exercer bem suas funções. Uma reflexão sobre o deixar de ser um indivíduo para tornar-se uma pessoa, por exemplo, requer abstrações que uma criança ainda não é capaz de fazer.

Jean Piaget,[32] grande pesquisador do desenvolvimento humano, concluiu que, para sermos capazes de compreender uma equação matemática, o cérebro precisa estar biologicamente maduro; caso contrário, ele não poderá fazer. Esse amadurecimento é processual. Para cada fase desse processo a criança vai apresentar respostas de acordo com a maturidade biológica de que dispõe. Veja bem, se para a compreensão

---

32. Jean Piaget, nascido em Neuchâtel, na Suíça, em 1896, foi um biólogo, psicólogo e epistemólogo. É considerado um dos maiores pensadores do século XX. Deixou enorme contribuição à educação.

de uma equação matemática a criança precisa desfrutar de maturidade biológica cerebral, a mesma regra vale para a sua evolução emocional. Uma criança recém-nascida, por exemplo, ainda não é capaz de pensar e problematizar o seu ser indiviso. Ela não está biologicamente madura para refletir sobre sua condição humana.

Ao refletir sobre essa incapacidade da criança, Piaget ampliou nossa compreensão a respeito do que podemos esperar dela. Suas pesquisas foram e ainda são amplamente utilizadas por educadores de todo o mundo. Através de seus resultados acadêmicos, nós compreendemos melhor, por exemplo, a idade da razão, o momento em que a criança se torna madura para ser inserida no ensino formal.

Paralelamente à capacidade de realizar raciocínios lógicos, Piaget colocou o desenvolvimento do juízo moral, que é a capacidade humana de compreender os conceitos de certo e errado, justo e injusto. A moralidade é também aprendizado, e esse aprendizado, segundo ele, dá-se naturalmente quando a criança é exposta a atividades lúdicas, brincadeiras e jogos que contemplem a necessidade de estabelecer regras para acontecerem. E esse desenvolvimento do juízo moral também depende da maturidade biológica cerebral da criança, pois, ainda que sejam regras que partam do lúdico, contemplando a fase que a criança está vivendo, a apreensão das regras também exige uma considerável capacidade de abstração.

Piaget formulou assim as fases desse desenvolvimento: "anomia", quando a criança ainda não é capaz de compreender qualquer regra; "heteronomia", quando ainda não é capaz de obedecer por si mesma, mas obedece porque imita os que obedecem; e a "autonomia", quando se torna capaz de respeitar as regras porque pôde compreendê-las com os seus recursos.

Nesses postulados teóricos, podemos observar um itinerário de crescimento, um movimento provocado pela maturidade cerebral associado ao estímulo que a criança recebe do meio em que está inserida, fazendo-a sair de si mesma, alcançando a possibilidade de viver em comunidade, estabelecendo vínculos favoráveis à sua socialização.

Tomando distância da teoria desenvolvida por Piaget, e sem ter a pretensão de considerar que ele fez também essa associação, nós ousamos dizer que o itinerário "do ser indivíduo ao ser pessoa" é semelhante ao processo do desenvolvimento do juízo moral por ele formulado.

Como vimos, de acordo com a antropologia cristã, que incorporou a leitura semítica do conceito, pessoa é o ser que, dispondo de si, dispõe-se ao outro. Nunca enclausurado num estado permanente e já conquistado, mas como busca que nunca se esgota, o ser pessoa é aquele que pauta a sua existência em exercício diário de estar na posse do que é.

O ser pessoa desfruta de mais clareza existencial, vive sempre mergulhado na busca de revelar-se a si mesmo, de aproximar-se respeitosamente do mistério que é. Quanto mais se investiga e se descobre, muito mais vai assumindo o comando de suas possibilidades e limites.

O ser pessoa situa-se bem no contexto de sua identidade. Sabe o que possui, sonda com profundidade o que o distingue de todos os outros seres humanos. Desvenda regularmente o inédito que o habita, o emaranhado de realidades que compõem o mosaico de sua idiossincrasia, isto é, de sua particularidade, das características que o fazem ser quem é.

A identidade não é outra coisa senão a junção de características que nos colocam de forma única e original na trama da vida. Qualidades, virtudes, limites, defeitos. Somos a soma de contradições e coerências, valores e necessidades.

Pois bem, vivendo a posse de si, o ser pessoa pode dispor-se aos outros. É o segundo passo do movimento. Depois de lavrar a escritura de sua pertença, rompe os grilhões da individualidade, toma posse de si, partilha-se generosamente no ato de ser em comunhão, de gerar vínculos, de doar-se por meio de encontros que o fraternizam e que lhe concedem a graça da condição plural. Convém recordar que o conceito só alcança sua plenitude no momento em que o *ser* que dispõe de *si* passa a se dispor aos *outros*.

Do ser indiviso ao ser partilhado. Sem abrir mão da singularidade que lhe é peculiar, o ser pessoa passa à pluralidade comunitária, à satisfação de perceber-se parte de um todo que lhe é infinitamente superior.

É assim que evoluímos na direção da condição de pessoa. Vivendo o êxodo que nos liberta de nós mesmos, ousando enfrentar a travessia do deserto, a aridez da solidão que nos acomoda nos espaços que já conquistamos em nós. Crescemos quando, munidos da bagagem pessoal, aceitamos a graça de dividir o resultado de nosso labor íntimo e particular.

A maturidade emocional humana nunca é mensurável. Não é possível mensurar matematicamente o quanto já conseguimos vencer o individualismo que prevalece na primeira fase da vida. No entanto, podemos perceber o quanto já desfrutamos dessa maturidade, identificando a proporção de nossa capacidade de exercer a generosidade.

A generosidade é um indicativo de maturidade emocional. Impulsionados por ela adentramos os quintais floridos da pertença frutuosa. Pelos braços da generosidade nós estabelecemos vínculos, criamos círculos de fraternidade, empatia, solidariedade. Só os maduros emocionalmente se dispõem a esse movimento que é capaz de quebrar a tendência humana ao individualismo. Por mais que tenhamos avançado na posse da condição de pessoa, há uma fragilidade em nós que pode nos fazer reassumir a condição de indivíduo. Situações de limites e conflitos podem despertar em nós o gigante adormecido. A fase da vida em que éramos um poço de necessidade não está totalmente resolvida. O que podemos é alcançar o controle sobre ela.

Esse controle passa pelo exercício da razão e da lucidez, mas ninguém está livre de ter rompantes de egoísmos. Basta que uma força inconsciente, um detalhe de fragilidade que até então estava adormecido encontre uma brecha nos acontecimentos, e o passado irracional, em que o individualismo era a única realidade possível ao ser, impõe-se sobre o presente.

Em intensidades diferentes, pois depende do quanto já avançamos no processo, lidamos todos os dias com a tendência ao egoísmo. Por isso é tão importante manter viva a chama do autoconhecimento, pois ele nos ajuda a entender as atitudes que em nós são regidas pelo indivíduo que ainda nos habita.

É muito fácil involuir. Facilmente podemos ser envolvidos por situações que despertam nossas inseguranças inconscientes, sequelas que ficaram em nós, frutos das necessidades que não foram supridas.

Mas é importante salientar: não precisamos ser reféns dessa tendência ao retorno ao individualismo. Conscientes de que ela está em nós, podemos estimular constantemente uma lida saudável e mais consciente com ela, quebrando-a sempre que venha se manifestar e nos ofereça o risco do aprisionamento.

Há uma passagem nos evangelhos que ilustra muito bem o momento em que a tendência ao egoísmo é quebrada. É o milagre da multiplicação dos pães. Salvaguardando a interpretação clássica que ressalta a sobrenaturalidade do gesto de Jesus, que, dispondo de cinco pães e dois peixes, alimenta de maneira miraculosa uma multidão de 5 mil pessoas, sugerimos adentrar o texto sob outra perspectiva.

Nossa atenção se volta para um detalhe que antecede a dimensão miraculosa da ação de Jesus. Pretendemos identificar no texto a pessoa que ofereceu a matéria-prima do milagre. Podemos imaginar a cena. A multidão está faminta e não há o que comer. O lugar é deserto. Não existe um mercado próximo onde pudessem buscar alimento. E, mesmo que houvesse, seria impossível encontrar uma quantidade que bastasse àquela multidão. Os discípulos apresentaram a questão a Jesus. Ele imediatamente devolve a responsabilidade: "Dai-lhes, vós mesmos, de comer. Mas eles responderam: Não temos aqui senão cinco pães e dois peixes" (Mateus 14,16-17).

A questão já estava discutida entre eles. Certamente alguém já havia manifestado a disposição em oferecer a refeição particular que levara em seus alforjes. Por isso, eles falam com precisão da quantidade de que dispunham. Alguém saiu do centro de suas necessidades, venceu as cadeias do egoísmo, expurgou de si as inseguranças egoísticas do instinto de preservação, característica da primeira infância. Sim, ao colocar no alforje o suprimento para a viagem, outra coisa não fazemos senão minimizar o primitivo pavor que temos de perecer no caminho. Mas alguém nessa história venceu a contenda. Alguém que, na posse dos cinco pães e dois peixes, alcançou a generosidade que gerou a coragem de dividir o alimento.

Então, ele disse: Trazei-mos. E, tendo mandado que a multidão se assentasse sobre a relva, tomando os cinco pães e os dois peixes, erguendo os olhos ao céu, os abençoou. Depois, tendo partido os pães, deu-os aos discípulos, e estes, às multidões. Todos comeram e se fartaram; e dos pedaços que sobejaram recolheram ainda doze cestos cheios. E os que comeram foram cerca de 5 mil homens, além das mulheres e crianças (Mateus 14,18-21).

A interpretação que fazemos do texto não pretende ter repercussão catequética. Tomamos a liberdade de abordar um mistério natural que parece caminhar paralelo ao sobrenatural da narrativa.

Diante da fome da multidão, uma pessoa se ergueu, manifestou o desejo e a disposição em ajudar. Ela estava na posse do alimento que levara para enfrentar a viagem. No exercício de um desprendimento admirável, venceu a insegurança e ofereceu o pouco que possuía. Outras pessoas presenciaram o gesto. Elas também estavam com o alimento que levavam para a viagem. Resolveram fazer o mesmo. Colocaram o pouco que tinham à disposição dos que estavam organizando a partilha. O movimento foi crescendo. A generosidade alastrou-se no meio da multidão. Os que possuíam em segredo, movidos pelo sentimento comunitário que havia sido provocado pela primeira pessoa que partilhou, comunicaram que também poderiam contribuir. A corrente cresceu. Todos os alforjes foram colocados em comum. Assim, o milagre da multiplicação se concretizou entre eles.

Do indivíduo à pessoa. Um acontecimento que deu a muitos a oportunidade de sair das cadeias do egoísmo, colocando-os no movimento da solidariedade.

Não sei quando foi que ouvi sobre essa segunda via de interpretação da multiplicação dos pães. Eu continuo sem necessidade de tomar partido. As duas versões me falam ao coração. A primeira delas é mais tradicionalmente aceita. Jesus teria multiplicado os pães e os peixes de forma milagrosa. A outra versão é menos ortodoxa. Segundo ela, Jesus teria multiplicado a generosidade das pessoas, tornando o milagre possível a partir de si mesmas. As duas versões me convencem, mas esta última me motiva.

A superação do individualismo aconteceu naturalmente no relato bíblico. A ambiência favoreceu as decisões pessoais que tornaram possível a "multiplicação". O gesto da primeira pessoa repercutiu gerando uma grande corrente de solidariedade.

É interessante ressaltar a importância das pessoas que nos influenciam positivamente, que exercem uma autoridade afetiva sobre nós. Elas são fundamentais para que sejamos capazes de viver a superação das forças primitivas do individualismo. Nós necessitamos constantemente dos que nos educam para a solidariedade. Tivemos uma necessidade ainda mais determinante quando éramos crianças, quando prevalecia sobre nós a incapacidade de dividir quem éramos. Tão logo desenvolvemos a maturidade cerebral, tornando-nos capazes de compreender as ações dos que nos envolviam, o exemplo dos que exerciam autoridade sobre nós tornou-se essencial, pois foi com eles que aprendemos a nos dividir; caso contrário, teríamos ficado presos em nossos egoísmos.

Educar para a partilha requer exemplos práticos e cotidianos. Não é por meio de discursos moralizantes que nós podemos ensinar alguém sobre o valor da solidariedade. É a forma como vivemos que ensina ou deixa de ensinar. Esse aprendizado é absolutamente necessário para que a sociedade seja um lugar suportável, uma vez que o individualismo é a postura pessoal que se opõe ao projeto em que podemos nos realizar de maneira plena: a vida social.

Os cárceres do indivíduo

A qualidade da vida social depende da nossa disposição em ser com os outros. Se nos abrimos para vivê-la, ela passa a ter uma enorme importância na descoberta e no fortalecimento da nossa identidade. O *eu* que somos precisa da experiência com os *outros*, pois é por meio deles que estabelecemos o combate contra as forças do indivíduo que nos habita. O *outro* pode ser um estímulo à solidariedade, ao movimento que nos faz sair de nós, levando-nos a deixar o estreito de nossas necessidades, passando a perceber que o mundo vai além do nosso umbigo.

Além de nos ajudar a legitimar quem somos, os outros podem favorecer a travessia que necessitamos fazer: do indivíduo ao ser pessoa.

A psicologia, amparada pelo que a sociologia já conseguiu definir sobre nós, afirma que a vida em sociedade é de fundamental importância para a nossa saúde física e mental. Sabemos que a solidão causa muito sofrimento aos que precisam enfrentá-la. Milhares de pessoas experimentam o dilema da depressão, doença que tem uma estreita relação com a solidão.

A solidão tem sido o resultado de um estilo de vida que a sociedade adotou nos últimos séculos. Todos nós sabemos que o mundo mudou muito. As mudanças afetaram, sobretudo, as relações sociais. A Revolução Industrial[33] causou enormes mudanças. Ao modificar os modos de produção, modificou também a maneira como as pessoas se relacionam. Provocou profundas transformações tecnológicas, mas também desencadeou significativas transformações antropológicas.

Hoje, olhando para o modo como articulamos as nossas relações, podemos reconhecer que estamos mudados. A forma como vivemos é muito diferente de como viveram nossos antepassados. Mudamos nossos hábitos, mas, sobretudo, a maneira como lidamos com os vínculos sociais.

Estamos cada vez menos dispostos aos trabalhos emocionais, aos relacionamentos que nos solicitam êxodos e travessias. Temos imensa facilidade de descartar os que nos exigem muito. Queremos vínculos mais palatáveis, menos exigentes. Há uma indisposição natural aos enfrentamentos que poderiam resultar em vínculos mais estáveis e duradouros.

Um dos grandes estudiosos dessa questão foi Zygmunt Bauman.[34] A partir de uma leitura muito assertiva sobre o ser humano pós-moderno, Bauman analisa as sociedades por intermédio do conceito de *líquido*. Segundo ele, a contemporaneidade é caracterizada pela fluidez, pela impermanência, pela transitoriedade.

---

33. A Revolução Industrial teve início na Inglaterra e impactou profundamente as sociedades ao alterar os métodos de produção. Ocorrida entre os anos de 1760 e 1840, a Revolução Industrial substituiu os métodos de produção artesanal, passando à produção em série.
34. Sociólogo e filósofo polonês nascido em 1925. Sua obra contribuiu profundamente para uma compreensão dos conflitos do ser humano pós-moderno.

Bauman identifica que a fluidez é um resultado do medo, característica que marca o ser humano pós-moderno. Um medo que gera ciclos viciosos, favorecendo o desenvolvimento de uma descrença coletiva em valores como permanência, fidelidade, cumplicidade. O medo produz descrença, reforçando nas pessoas a dificuldade de construir vínculos duradouros. Ao identificar que tudo é fluido e sem consistência, o ser humano cria o seu lugar de defesa. Fecha-se, pois tem medo de ser descartado, traído, mas se fecha fazendo o mesmo que teme que façam consigo. Um medo vai gerando outro, e, assim, o *status quo*[35] nunca é modificado. O modelo de sociedade líquida se perpetua a partir da adesão que cada um faz, tendo como ponto de partida o medo que tem.

Em *Modernidade líquida*, Bauman faz uma abordagem muito interessante de vários aspectos da sociedade líquida. Vale a pena entrar em contato com ela. Um deles é a vida em condomínios fechados. Segundo ele, os condomínios são expressões vivas da insegurança que vivemos. Morando entre muros altos e entre iguais, as pessoas colocam um unguento temporário e sem eficácia sobre o medo que sentem. Os condomínios são reproduções sociais que expõem o desejo humano de segregar os que para ele representam perigo. É um retorno ao primitivo, aos instintos primários que experimentamos na primeira infância.

Antes, o nosso cotidiano era construído com a participação da vizinhança. Éramos naturalmente comunitários.

---

35. Expressão latina que significa o estado das coisas.

Já nascíamos envolvidos pelos que não faziam parte de nosso ciclo familiar. A convivência facilitava a conversa, a troca, a amizade. Hoje, com o advento dos condomínios, a familiaridade com a vizinhança não é mais possível, pois eles dificultam os encontros, inibem os contatos, colocam obstáculo à intimidade.

Criados com o intuito de melhorar a qualidade de vida das pessoas, gerando segurança e bem-estar, os condomínios passaram a legitimar uma segregação socialmente aceita, sempre buscada por aqueles que se justificam com o conceito de "privacidade". Sim, a privacidade é um valor inegável, mas não pode ser usado para reforçar a nossa indisposição à vida social.

Alegamos que não queremos ser incomodados. Ainda que não saibamos perceber, o "não ser incomodado" também está perpassado pelo medo. Queremos evitar a intimidade, pois ela pode gerar comprometimento com questões que aparentemente não nos dizem respeito, pode nos colocar diante da necessidade de evoluir, quebrar paradigmas, mudar posturas. E mudar dói, evoluir exige.

Fechados em nossas casas, em nossos condomínios, passamos a interpretar o outro como um possível invasor, uma peça que deve ser evitada. Se antes a vizinhança era uma extensão da vida familiar, atualmente os condomínios funcionam como obstáculo para qualquer familiaridade.

Outro aspecto que Bauman ressalta é a dificuldade que o ser humano pós-moderno tem de amar. E o motivo é muito simples. Amor é exercício diário, fruto que só é possível de ser colhido mediante empenho e zelo. A pós-modernidade, porém, é avessa às demoras. A pressa é uma regra. Muito rapidamente se diz amar, mas com a mesma rapidez se diz desamar. É a dificuldade em fruir o bom das esperas, o deleite que há na construção artesanal de um vínculo que possa vencer os desafios da vida.

De acordo com Bauman, as relações amorosas deixaram de ser consistentes e perderam o caráter de união, limitando-se a um acúmulo de experiências. O que resulta dessas experiências é a insegurança, fator determinante para que a condição de indivíduo prevaleça sobre a condição de pessoa.

Veja bem, a análise do mestre polonês corrobora o que estamos refletindo acerca de nossa tendência ao individualismo. Para que a criança inicie o seu processo de superação do indivíduo que a determina, é preciso criar uma ambiência favorável para ela. Depois, quando a fase adulta se estabelece, considerando que houve um avanço na conquista da condição de pessoa, o ser humano continua necessitando domar os instintos que o encarceram em si mesmo. Sim, os instintos primitivos do individualismo nunca nos deixam. Eles estão em nós, são herança irrenunciável que nos ata aos primórdios de nossa condição humana. Ainda que evoluídos e modificados, trazemos em nós os instintos que há milhões e milhões de anos acompanham a condição humana. Não podem ser erradicados, mas podemos aprender a controlar a forma como se expressam.

A capacidade de controlar os instintos é um indicativo de maturidade emocional. Uma pessoa que consegue ter controle da ira, que, em vez de alimentar a necessidade de competição, opta pela cooperação, que tem harmonioso controle da sexualidade e do instinto de sobrevivência, por exemplo, dá-nos a impressão de estar anos-luz dos que não conseguem o mesmo feito. Uma personalidade harmoniosa desfruta de benefícios que só o controle dos instintos primitivos pode conceder.

A compreensão que Bauman teve da pós-modernidade foi considerada pessimista por muitos, mas cremos que não é o caso, uma vez que ela não nos condena à reprodução da sociedade líquida em nossos mundos particulares. A leitura que ele faz serve-nos como um enfrentamento, uma oportunidade de colocar a vida que vivemos em questão. Vivemos um cuidado diário com o controle dos instintos que nos privam de evoluir? Estamos lúcidos na lida com as estruturas que dificultam a construção de laços efetivos e duradouros? Estamos atentos aos condicionamentos que nos são impostos pelas forças do indivíduo que está em nós? Salvaguardando o medo da violência que nos faz querer a segurança dos condomínios, alimentamos sempre que podemos relações de confiança e lealdade?

São perguntas que merecem a nossa reflexão, afinal somente depois de educarmos os nossos instintos primitivos é que podemos desfrutar do ineditismo de ser quem podemos ser.

O ineditismo do eu

Vamos recapitulando. A primeira experiência que fazemos do mundo é a partir da fragilidade. Somos vulneráveis. E só sobrevivemos à primeira infância porque alguém se dispôs a administrar as nossas indigências. A primeira fase da vida é marcada pelo *eu indiviso*. Nossa indivisão recebe o auxílio de muitos. Após o cuidado deles nos tornamos possíveis. Alguém suportou nossa incapacidade original de perceber o mundo para além de nosso corpo tão indigente e necessitado.

Algumas vertentes da psicologia nos dizem que o recém-nascido é incapaz de distinguir-se do mundo. Não há nele uma percepção das coisas como coisas, nem do outro como outro. Tudo lhe parece uma continuidade, uma extensão de si. Ele interpreta tudo o que seus sentidos podem captar como um desdobramento seu. Incapaz de perceber os distintos, faz a experiência do mundo condicionado pelo limite que lhe é inerente. Somente com o tempo ele será capaz de estabelecer a distinção entre *ele e os outros*.

Freud,[36] ao relatar o desenvolvimento psicossexual da pessoa, estabelece a fase oral como o início do processo. Segundo ele, essa fase se estende desde o nascimento até

---

36. Sigismund Schlomo Freud, nascido em Freiberg in Mähren, Império Austríaco, em 1856, foi o médico neurologista criador da psicanálise.

aproximadamente os 2 anos de vida. As pulsões orais são o lugar da satisfação ou da satisfação do prazer a começar pela fome, mas não fica presa a ela. É pela boca que a criança estabelece suas relações, sobretudo com a mãe, cujo seio é a sua fonte de vida.

Veja bem, a partir do que Freud estabelece a respeito da fase oral, podemos compreender que a criança, ao tentar incorporar o mundo pela boca, está manifestando a percepção limitada que tem do mundo. Para ela, mastigar, morder, sugar, cuspir, além de serem experiências de prazer, são uma forma de dizer que tudo o que está ao redor é sua continuidade. Na criança ainda não há a consciência de que ela se limita a ser um corpo situado na ambiência em que vive. Ela se interpreta, a partir de seus limites, o centro do mundo.

É interessante refletir sobre essa questão. Quando foi que nos tornamos capazes de saber que existia um limite estabelecido entre nós e o mundo? Quando foi que nos ocorreu a primeira percepção de que os outros eram totalmente outros, que as coisas eram realidades apartadas, distintas, e não uma extensão de nós mesmos? Em algum momento da nossa vida, nós nos reconhecemos desatados do mundo, solitários em nossa estrutura corpórea, organismos ao mundo conectados, mas dele distintos, e que os outros apenas participavam, de forma relacional, da trama que também nos envolvia.

Em algum momento, descobrimos que não éramos o centro do universo, e que dele éramos uma ínfima parte, uma agulha num palheiro infinitamente superior a tudo o que nossa imaginação é capaz de conceber. Em algum momento da existência, que não sabemos precisar, o nosso *eu* gritou independência. Percebeu-se único, singular, solitário em suas possibilidades e limites, entregue à própria sorte, independente do cuidado de outros.

Iniciou-se assim a longa e tortuosa aventura existencial do *eu*, esse eterno viajante que será sempre inédito a si mesmo, essa estrutura que se revela aos poucos, por meio da relação íntima que faz consigo, mas também das relações que estabelece com os outros, criando a oportunidade de se conhecer, tomar posse de si e, depois, movido pelas forças da maturidade, se oferecer aos outros.

Veja bem, quando iniciamos nosso autoconhecimento, passamos a desvendar a estrutura que misteriosamente nos dá a consciência de quem *somos*. É o mergulho no si mesmo, o desvendamento que vamos realizando em partes, por meio de estradas que são abertas por nós e por outros. Sim, o autoconhecimento é um processo partilhado. Ainda que existam caminhos do desvelamento da identidade que nunca andaremos acompanhados, o eu é um mosaico que passa por muitas interferências, que vai sendo montado por mãos interiores e exteriores.

No emaranhado da trama existencial, sob a influência de muitos outros *eus*, vamos arregimentando aos poucos os elementos que revelam a nossa essência. Essa aventura se estenderá ao longo da vida. O autoconhecimento é um processo que nunca termina. O *eu* é um ser inesgotável. A quem está disposto à investigação de si, a estrada nunca chega ao fim. Morre sem ter tocado o ponto-final do destino. Descobrirá diariamente nuances até então não exploradas, detalhes do caminho que só podem ser percebidos em específicas fases da vida. Para cada tempo, suas descobertas. Para os que se buscam, o *eu* permanece inédito até o fim.

É por isso que a descoberta do eu se funde à realização humana. O que nos realiza é a renovação que experimentamos em nós mesmos. Viver realizado só é possível aos que continuam manufaturando em si a dinâmica da existência. O esclarecimento do *ser* vai favorecendo o conforto existencial, o deleite de viver satisfeito em si mesmo, em constante processo de vir-a-ser, reconciliando-se com tudo o que em nós reconhecemos original. Nisto consiste a realização humana: achar gosto na dinâmica da descoberta, prazer em sondar-se com profundidade e chegar ao máximo de si mesmo. Conhecer com propriedade os labirintos da identidade. Adquirir a ciência das engrenagens da constituição pessoal, ter sob controle a escritura da pertença.

Este sou eu. Chegar ao coração dessa afirmação requer tempo e disposição. Requer recrutar o apreço pela vida interior, pela investigação honesta e minuciosa do território que somos.

Como já dissemos, nunca será uma resposta pronta, finalizada. Quem vive se buscando nunca para de se encontrar. O eu será sempre inesgotável aos que aceitam aprender com as estações da existência. As fases da vida estão sempre grávidas de aprendizados que repercutem nas nossas descobertas pessoais.

O eu vai se redescobrindo com o nascer dos novos contextos. Alegrias, tristezas, lutos, nascimentos, as experiências humanas expulsam naturalmente o eu de seus territórios já conquistados. Essa expulsão é benéfica, ainda que doída. É o êxodo eterno do ser, o deslocamento que nos instiga a buscar o novo que em nós ainda é possibilidade. Basta estarmos vivos para que a dinâmica da vida nos proporcione descobrir aspectos pessoais que nem sonhávamos ter. O *eu*. O mistério da identidade nunca deixa de solicitar esclarecimento.

O eu da pessoa

Há saberes que nem sempre sabemos explicar por que sabemos. São intuitivos. Irrompem naturalmente de nós toda vez que esbarramos nas realidades que a eles dizem respeito. É como se fôssemos proprietários de uma herança epistemológica que nos foi concedida assim que assumimos o exercício da razão. Essa premissa tem fundamentos em Sócrates,[37] que considerava a verdade um dom inato no ser humano. Somente através da razão é possível chegar ao seu conhecimento. No entanto, o caminho a ser andado na direção da verdade está no interior de quem sai em sua busca.

Foi a partir dessa convicção que ele desenvolveu um método pedagógico que chamou de *maiêutica*. Observando o ofício de sua mãe, que era parteira, Sócrates compreendeu que o professor desempenha um papel semelhante na vida do aluno. Da mesma forma como sua mãe não colocava a criança no ventre da mulher que precisava dar à luz, apenas ajudava no processo do partejamento, ao professor cabia a missão de partejar o conhecimento que já existia no aluno.

---

[37]. Nascido em 469 a.C., Sócrates foi um filósofo ateniense de grande importância para o período clássico da filosofia antiga. É considerado por muitos o fundador da filosofia ocidental.

Esse partejar epistemológico se dava por meio de perguntas. O professor nunca resolvia os questionamentos dos alunos, mas criava uma dinâmica para que o aluno os resolvesse. Ao receber uma pergunta, respondia com outra. Nunca uma resposta pronta. Sendo assim, o aluno tinha a oportunidade de desconstruir sua ignorância, chegando por si mesmo ao conhecimento que já estava albergado em si.

Sócrates explica muito bem o sentimento que nos ocorre toda vez que tomamos contato com um conhecimento que já nos parecia familiar. De repente, somos visitados pelo conforto de uma coerência que nos permite dizer: eu já sabia! É o desabrochar da verdade, alento intelectual que nos provoca imensa satisfação, pois, sempre que incorporamos algo novo ao nosso arcabouço epistemológico, temos a nítida percepção de que estamos vivos. Sim, o conhecimento nos mantém ativos e reconciliados com a existência.

Pois bem, dos muitos conhecimentos inatos que temos, podemos dizer que a certeza de que somos um *eu* é um deles. Qualquer pessoa, por mais simples que seja, saberá sentir, ainda que não saiba dizer, o significado da expressão "eu sou eu".

O eu é um código de identidade, um conjunto de realidades humanas que nos torna únicos e irrepetíveis. Quando digo "este sou eu", refiro-me à minha verdade pessoal, ao estatuto que me difere de todos os outros *eus* que encontro durante o curso de minha existência. No avesso da afirmação há uma negação. Ao dizer que sou, naturalmente elimino muitas outras possibilidades de eus que não são meus.

A minha identidade se estabelece a partir do que afirmo ser e, como consequência, do que afirmo não ser. O ser que sou tem em seus avessos uma série de negações. Sou Fábio. E, sendo Fábio, naturalmente não sou Fernando.

No entanto, o eu que sou é composto de muitos outros eus acidentais, que podem ou não corresponder ao meu eu essencial. E os outros eus que estão ao meu lado vivem a mesma dinâmica existencial. Somos uma comunidade de eus reunidos, cada um desfrutando de sua originalidade, situado no contexto de seu horizonte de sentido, ao mesmo tempo interagindo, movendo-se na dinâmica de circunstâncias escolhidas, mas também de circunstâncias impostas. Uma comunidade dinâmica, marcada por constantes alterações, visto que depende da dinâmica particular das partes que compõem o seu todo.

Cada eu é um mundo em si. E orbita com esse eu muitas realidades, situações e pessoas que exercem influências sobre ele. O eu é relacional, isto é, está radicado na relação com as realidades e pessoas que compõem a sua ambiência existencial. Para relacionar-se, o eu sempre parte de si, do núcleo que o sustenta.

Quando olho para o eu que sou, consequentemente sou alçado ao coração de minha idiossincrasia. Como já citamos, essa palavra pouco usada por nós se refere às características específicas de cada ser humano. Interessante, mas, na medicina, o termo "idiossincrasia" é usado para ressaltar a reação particular do organismo quando exposto à ação de agentes exteriores. Num teste de alergia, por exemplo, verificamos a idiossincrasia do organismo quando o expomos a diversas situações com o intuito de identificar os elementos exteriores para os quais ele pode ser intolerante ou alérgico. O mesmo elemento provoca reações diferentes. Em suma, cada organismo é um, reage de maneira particular ao estímulo que foi para todos. Das características físicas que à medicina interessa às características metafísicas que à nossa reflexão dizem respeito. Continuamos.

O conceito nos ajuda muito a pensar a particularidade do eu. Ajuda-nos, inclusive, a compreender o motivo pelo qual apresentamos reações tão diferentes uns dos outros, mesmo quando expostos às mesmas situações.

Diante da morte, por exemplo, experimentamos reações diversas. É a particularidade do eu que determina a forma como uma pessoa reagirá a uma perda. Temos características emocionais que nos distinguem. Não somos uniformes, programados a reagir de uma mesma forma. Somos todos humanos, mas nossas reações diante de situações comuns serão um resultado de nossa idiossincrasia.

Enfim, no eu estão conciliados todos os atributos que compõem a nossa idiossincrasia. Trazemos em nós todas as informações que recebemos geneticamente de nossos antepassados, e também aquelas que foram dadas pelos ambientes que frequentamos. Desde que chegamos ao mundo, o nosso viver é localizado no tempo e no espaço. O eu que cada um de nós é foi inserido em ambiências construídas por outros eus, num tempo quando ainda não tínhamos condições de escolher qual ambiência gostaríamos de receber. Essa possibilidade de escolha só veio mais tarde, com a autonomia, momento em que tivemos condições de optar por nós mesmos. Enquanto estávamos sob a tutela dos que nos dispensaram cuidados, porém, vivemos sob a influência de ambiências que pertenciam a eles.

Quando as influências recebidas correspondem ao eu que essencialmente somos, é natural que fortaleçamos a nossa identidade. O que os outros nos oferecem torna-se um elemento facilitador ao desabrochamento de nossa verdade pessoal. Esse ofertório nos chega como *eus acidentais*. É fácil pensar sobre eles. Basta lançar o olhar sobre o passado e identificar pessoas que foram cruciais em algumas fases de nossa vida. Ao recordarmos o bem que nos fizeram, naturalmente nos deparamos com um *eu* que nos deram de presente e que era de extrema importância para aquele momento que vivíamos.

Veja bem, quando falamos que as pessoas nos dão um *eu*, parece-nos que estão trazendo algo de fora. Não, recordemos da maiêutica socrática. O que elas fazem é despertar os eus acidentais que já estão em nós. O que precisamos é fazer com que eles venham à luz. São eles que nos ajudam a viver e suportar as fases da vida. E depois se vão de nós ou são definitivamente incorporados ao nosso eu essencial.

Eu sou a soma de muitos outros eus. Eles foram por mim assimilados, desenvolvidos, incorporados em estreita harmonia com a essência original. Sim, ao longo da vida eu vou recebendo de outros eus elementos que a mim dizem respeito. Reconheço-os como agulha num palheiro. E, quando os incorporo à minha vida, reforço a minha idiossincrasia. O elemento exterior não me privou de minha verdade, pelo contrário, reforçou-a, corroborou minha percepção original, ajudou a clarear a consciência que ampara minha identidade. Mas sabemos que o contrário também pode acontecer. O que recebo do outro pode ofuscar a minha verdade. Dependendo da intensidade com que os outros me influenciam, posso afastar-me radicalmente de minha verdade, passando a assumir uma caricatura de mim mesmo, um espectro que vai aos poucos tomando espaço, sufocando a minha essência.

Por isso é tão importante ficarmos atentos ao processo do eu. É recebendo contribuições e empecilhos que vivemos o desafio de partejar o ser que somos. Temos a vida inteira para tal aventura. E nunca estaremos terminados em nossas possibilidades.

O conhecimento do eu como um processo maiêutico

Estamos sempre vindo à luz. A existência humana é fecunda em oferecer ao ser que a desfruta novas oportunidades de nascimento. Aliás, o amadurecimento humano consiste em inúmeros processos de nascimentos e sepultamentos. As fases da vida vão cumprindo seus ciclos, e nós vamos deixando que a oxigenação provocada pelas mudanças alcance o mais profundo de nós. No avesso de uma novidade assumida, há sempre um luto a ser organizado. Deixamos de ser quem éramos. Mudamos na forma física, mudamos na forma de pensar e de sentir. Tudo em nós vive em constante processo de mutação. No entanto, há uma essência que permanece intocada durante toda a vida.

Sim, não sabemos localizar essa essência no nosso cérebro. A neurociência ainda não comprovou a existência dela. A filosofia também não conseguiu localizá-la, e a psicologia prefere não se arriscar sobre o assunto. O que sabemos é que a essência do *eu* é um sentimento que nos ocorre ao longo da vida. É um saber que sabemos, mas sem explicar. Eu sei que sou eu. Você sabe que você é você. Quando pensamos no *eu* que somos, ocorre-nos uma natural compreensão de uma essência imutável que prevaleceu a todas as mudanças e transformações pelas quais já passamos.

Eu sei que sou. Esse saber me conforta. Coloca-me diante de um prazer diário de identificar a parte desse eu que ainda desconheço. O processo é maiêutico, como sugeriu Sócrates. O autoconhecimento é o resultado de um florescimento que acontece estimulado pelos que nos partejam.

A presença do outro em nossa vida precisa ser constantemente passada pelo crivo da reflexão. É muito comum que pessoas se adaptem a relacionamentos abusivos justamente porque perderam a capacidade de problematizar as regras ocultas da convivência. Sim, há sempre um código de regras ocultas nas relações que estabelecemos. São regras que aos poucos vão sendo firmadas entre as partes e que nem sempre são conscientes.

As regras ocultas são imposições firmadas processualmente. Aos poucos vamos criando um jeito específico de ser com o outro que não se repete com outras pessoas.

Martin Buber[38] foi muito perspicaz em sua abordagem sobre a intersubjetividade. Segundo ele, não há existência sem comunicação e diálogo. Do encontro entre um *eu* e um *tu* nasce uma terceira pessoa que tem existência própria.

A reflexão de Buber tem uma proposta interessante que é facilmente compreendida a partir das regras da convivência. É só pensar os relacionamentos que você cultiva. Pense em alguém com quem você gosta muito de estar. Pois bem, quando está com essa pessoa, vocês produzem um terceiro que é completamente diferente de quem você produz

---

[38]. Martin Buber, nascido em Viena, na Áustria, em 1878, foi um filósofo, escritor e pedagogo que deixou grande contribuição à questão da intersubjetividade.

quando encontra outro que não ela. De cada encontro entre duas pessoas, nasce uma terceira, que, segundo Buber, é ontológica,[39] isto é, tem existência própria. A terceira pessoa que formamos dos relacionamentos que temos pode ser favorável ou não ao florescimento de nosso ser pessoa. Lembrando que o desabrochamento do eu essencial, que temos como possibilidade, e o tornar-se pessoa são formas diferentes de falar de um mesmo processo. À medida que vencemos as forças do indivíduo em nós, avançamos na posse de nossa essência. E sempre em comunidade. Por isso, a perspectiva filosófica de Martin Buber parte da intersubjetividade, que é a capacidade que o ser humano tem de se relacionar com outro ser humano. A inter-relação envolve o encontro, o diálogo e a responsabilidade. Entre o *eu-tu*, temos a relação. Entre o *eu-isso*, temos a experiência.

Veja bem, a riqueza da proposta dessa abordagem consiste em colocar as pessoas que se relacionam numa dinâmica respeitosa, nunca abrindo espaço para o crescimento de uma relação objetal, cujos valores de uma das partes são desconsiderados de acordo com os interesses escusos da outra.

Nós sabemos o quanto é comum a prática de relações abusivas, relacionamentos que se dizem amorosos, mas que passam ao largo do respeito, do diálogo e da responsabilidade. Relacionamentos que não favorecem o amadurecimento emocional, pois não contemplam o comprometimento de um com o outro. Todos estamos sob o risco de estabelecermos

---

39. Ontológica vem de ontologia, parte da filosofia que considera o ser em si mesmo, na sua essência.

relacionamentos assim, distantes dos pressupostos de Martin Buber. O que precisamos é viver diariamente a vigilância, passando, pelo crivo da reflexão, as relações que compõem a nossa ambiência afetiva. É o que chamamos de *pastoreio do eu*, que é a observância responsável que fazemos a partir de nós, nunca do outro.

Somos nós os primeiros responsáveis pelas relações que cultivamos. O pastoreio é um investimento que cada um de nós precisa fazer. É a partir dele que separamos o joio do trigo, o cabrito das ovelhas, o amor da posse. É no autoconhecimento que identificamos os empecilhos para o florescimento e a maturidade do eu que somos. É na lida diária com as vozes que nos chamam que vamos identificando as que merecem ser ouvidas. São inúmeras vozes. Muitas gritam por nós. Há que saber diferenciá-las com a mesma precisão com que a ovelha identifica a voz do pastor.

O exemplo bíblico é sugestivo. No evangelho de João, capítulo 10, Jesus diz que a ovelha conhece a voz do pastor. Entre eles há um vínculo de confiança. A ovelha sabe que o pastor lhe oferece proteção, que nunca lhe propõe o que é mau. Ao ser chamada pela voz que identifica ser-lhe favorável, a ovelha obedece. Sabe que a voz vai conduzi-la ao pasto para passar o dia ou ao aprisco, lugar do alimento e da proteção contra o frio. A ovelha desfruta de liberdade, contudo está sempre atenta ao chamado. O pastor é sinônimo de proteção. E sua voz é expressão do conforto de viver livre, porém sob a tutela de um olhar amoroso, de uma sentinela que vai alertá-la dos perigos que ela não pode perceber sozinha.

O exemplo é simples, mas ajuda a entender. Todos nós, por mais autônomos que sejamos, também recebemos comandos de vozes exteriores. Algumas nos levam ao melhor de nós mesmos; outras, ao que temos de mais desprezível. Algumas reforçam as possibilidades do eu que somos; outras, fragilizam-nas.

O fato é que lidamos, conscientes ou não, com esses chamados diários. E há um fato inegável: a qualidade de nossa vida depende das vozes que escolhemos ouvir. Algumas são favoráveis, atualizam os cuidados iniciais que nos socorreram da indigência da primeira infância. São vozes conselheiras. Por meio de palavras, derramam lucidez sobre nossos equívocos, abrem trilhas iluminadas em nossa consciência quando estamos mergulhados no obscuro dos enganos e dos retrocessos existenciais. São vozes que reativam no indivíduo o processo que o encaminha ao ser pessoa. Sim, algumas vozes são capazes de nos arrancar dos encarceramentos do indivíduo que está sedimentado em nossa constituição humana. São vozes parteiras, pois chamam à luz o que em nós precisa nascer.

Como já dissemos, as forças do indivíduo nunca deixam de agir em nós. A condição individual é a base de nossa existência. Num primeiro momento, assim chegamos ao mundo. Indivisos. A vulnerabilidade original nos expõe dessa forma. Somos incapazes de sair de nós. Nascemos imersos no extremo da individualidade. Nada podem esperar de nós. E tudo devemos esperar dos outros. É sob a luz do cuidado humano que essa individualidade pode ser compreendida.

À medida que esse cuidado vai suprindo nossas necessidades, temos a feliz oportunidade de partir na direção de outra condição humana, como se alçássemos o outro lado do porto, em que a partilha humana se torna possível àquele que antes só podia e sabia receber. É por isso que compreendemos a condição individual como um ponto de partida valoroso que precisa ser aperfeiçoado.

No entanto, esse aperfeiçoamento não nos chega sem labuta e empenho. Há sempre um movimento contrário que parece nos devolver às necessidades primitivas do nosso inconsciente, lá onde a indigência e a vulnerabilidade continuam determinando um jeito de ser marcado pela insegurança que advém do medo de perecer, de ser esquecido, de ser abandonado. As vozes que estão verdadeiramente comprometidas com a superação desse movimento funcionam como a voz do pastor amoroso nos ouvidos da ovelha. É a partir delas que realinhamos o projeto e continuamos a busca, o pastoreio do eu.

Entretanto, como já dissemos, o contrário também acontece. Não é incomum cairmos nas ciladas que são tramadas pelas vozes que não estão comprometidas com nossa verdade pessoal. Sendo assim, involuímos assustadoramente, retornando às forças paralisantes de nossa tendência ao individualismo.

O movimento da involução nos devolve aos braços da indigência original, reativa o comando dos primeiros medos, dos desconfortos inconscientes, deixa-nos ao relento, à desproteção que nos priva de refletir o que vivemos. E porque ficamos privados de submeter o vivido ao crivo da razão, damos ao invasor o poder de continuar ordenando seu comando destruidor sobre nós.

As dependências afetivas são mantidas assim. Mediante a privação de refletir o eu à luz da verdade pessoal, impõe-se ao outro a caricatura, a máscara que julgamos ser conveniente às expectativas que sobre ele alimentamos. Ou, se estamos sob o comando de outro, concedemos a ele o direito de definir o itinerário que seguiremos, ainda que nesse itinerário as nossas reais necessidades não tenham sido contempladas.

Ao submeter o eu real ao disfarce da conveniência, trancamos o eu essencial no cárcere do desacontecimento. Mas não faz sentido viver assim, e a vida será sempre generosa com os que se desafiam a quebrar esses cárceres. É importante assumir o pastoreio do eu como um propósito existencial. Não é justo trocar a vida pela morte, a liberdade pelo cativeiro, a relação amorosa pela relação objetal. É no pastoreio do eu que podemos partejar constantemente as maravilhas que estão albergadas em cada um de nós.

O pastoreio do eu

Pastorear é sinônimo de cuidado. No exemplo que retiramos do evangelho, a ovelha aprendeu a reconhecer a voz que lhe é favorável. O pastor a socorre da indigência.

No contexto da narrativa bíblica, o exemplo parte da realidade dos instintos. Jesus se refere à relação de confiança que é possível estabelecer entre um ser humano e um animal. A ovelha obedece à voz de um homem. Embora possamos identificar nessa obediência à voz uma forma limitada de inteligência, podemos nela perceber uma delicada ligação afetiva que a nossa razão não está apta a desvendar. Não vamos nos ater ao fabuloso mundo das inteligências afetivas que encontramos no mundo dos animais. O que queremos é ressaltar o pastoreio que a voz realiza.

Vamos ao avesso das palavras. A narrativa sugere outro contexto. Ele se desdobra do exemplo posto. Jesus se refere à missão que passou a exercer na vida de seus amigos. Em todos, sem exceção, Ele provocou mudanças profundas e significativas. Muitos estavam apartados de suas verdades pessoais por motivos diversos: condicionamento social, religioso, político, ou até mesmo falta de oportunidade de quebrar a ignorância que decorre de uma rotina com pouco espaço à reflexão, fonte de toda mudança.

Jesus falava a linguagem dos simples. Extraía exemplos do mundo rural, pois era nesse mundo que Ele recrutava seguidores. Falar da ovelha em sua íntima cumplicidade com a voz do pastor era mergulhar nas estruturas do óbvio, abrindo nele uma fenda que extrairia um sentido oculto, filosófico, anterior ao rito prático que envolvia caprinos e homens. Um pensamento anterior ao ser das coisas. Uma reflexão que antecede o fenômeno dos fatos, a investigação que arregimenta o que existe antes da realidade que aos olhos se dá sem mediação. Não é isso a filosofia? Sim, toda reflexão em que se pretende dar um passo antes ao que está diante de nós já é naturalmente filosófica.

Pois bem, Jesus utiliza-se do exemplo rural para falar de algo muito simples, mas pleno de significado: o poder que a voz tem de pastorear. É interessante identificar isso. Como já dissemos, somos constantemente guiados por vozes que exercem autoridade afetiva sobre nós. Nem sempre somos conscientes disso, mas a nossa experiência humana é marcada pelas vozes que escolhemos ouvir ao longo da vida. Vozes pastoras, pois desencadearam aquiescências, respostas e posturas que foram determinantes para a estruturação de nossa personalidade.

Há algum tempo, tive a oportunidade de ter contato com um livro que me ensinou muito sobre essa autoridade afetiva: *Vá aonde seu coração mandar*. A autora, Susanna Tamaro, estruturou a obra no formato de um diário, escrito por uma mulher que sente estar próxima do fim. Aos 80 anos, essa senhora direciona seus escritos à neta que criou e que, naquele momento, mora nos Estados Unidos com o objetivo de estudar. É um texto muito delicado. Embora o livro se proponha a ser um relato de sentimentos, em nenhum momento ele desemboca no caminho fácil do sentimentalismo.

Por meio dos escritos que pretende deixar à neta, a velha senhora conta-lhe todos os segredos que estavam sepultados em seu coração. Compreendendo que as histórias pertenciam à urdidura do passado da neta, e que não seria justo condená-las ao silêncio de seu sepulcro, selando-as definitivamente no arcabouço do esquecimento, a mulher escolhe a clareza como via de regra para suas confissões.

Por mais que tenham existido diferenças entre as duas personagens que compõem o cerne da narrativa, a mulher sabe da autoridade afetiva que ainda exerce sobre a neta. Nas confissões que faz há sempre uma exortação ao perdão, à reconciliação com o vivido, à retirada dos obstáculos que foram colocados pela incompreensão, dos equívocos que se sobrepuseram ao entendimento.

O texto é perpassado por enfrentamentos, uma tentativa de corrigir o passado, expondo à luz o que ficou sob o comando da mentira. A senhora se empenha em rasgar o véu do templo, opta por dirimir os disfarces ocasionais assumidos, conscientemente, por ela, e que privaram a menina de verdades fundamentais. Deixa tudo por escrito. Um relato duro e sensível ao mesmo tempo. Um texto para leitura póstuma que não pretende outra coisa senão pedir perdão, declarar amor, derramar a verdade sobre os ferimentos do passado.

O livro não nos proporciona conhecer a reação da neta a tudo o que lhe foi dito pela avó. Ele termina sem nos conceder o direito à continuidade. Num primeiro momento eu desejei saber o desdobramento da história. Depois de um tempo, porém, percebi que a obra se bastava. A reação da neta já estava nos avessos das confissões da avó. Ao passar a limpo os rancores e excessos provocados pelo tempo, aquela mulher se antecipava em nos deixar as reações da personagem que só existia do outro lado do mundo, para além dos montes imaginários que a literatura é capaz de nos fazer crer existentes.

A menina certamente leria os escritos de sua avó envolvida por perplexidade e sofrimento. É natural que teria repulsa pelas mentiras que sedimentaram sua identidade. É provável que choraria o choro dos que se sentem injustiçados. E com um agravante: tendo de conciliar o prejuízo de não poder gritar uns impropérios à responsável pela manutenção da mentira e, ao mesmo tempo, abraçar demoradamente a mulher que mais amou na vida.

A pedra posta sobre a avó morta. Dela uma única voz. A dos diários reveladores. A voz marcada por uma autoridade afetiva que ainda lhe soaria íntima, familiar, naturalmente amorosa.

Sob o influxo provocado pela abertura do calabouço onde o passado remoía suas tramas de enganos e mentiras, a mulher se desobrigou das farsas habituais. E, movida por uma surpreendente liberdade, ousou pedir à neta que cumprisse um itinerário diferente do seu: "Vá aonde o seu coração mandar". O conselho sugestivo também pode soar como ordem. Depende da moldura que escolhemos dar ao texto, depende da voz que imaginamos ouvir quando lemos. Eu a escuto num contexto de ordenança, urgência. Aquela que sabe estar morrendo quer solicitar àquela que hipoteticamente ainda tem muito o que viver que ouça a voz do coração, que busque obedecer ao movimento que a conduzirá ao estreito retalho de mundo onde poderá ser feliz.

Ouvir a voz do coração é um convite ao retorno ao centro. Consiste em quebrar a força que nos condiciona ao periférico, que nos habitua ao superficial. A quebra protocolar que proporcionou à mulher a escrita do diário, bem como o movimento que lhe permitiu acesso à coragem de morrer reconciliada com a verdade, são apenas detalhes dos muitos benefícios que nos chegam pelas mãos da liberdade interior. Essa conquista só é possível aos que ousam deixar a conveniência da margem, aos que se dispõem aos enfrentamentos que decorrem da abertura de sepulcros antigos, histórias trancadas e mantidas sob as chaves de pesados segredos. Sim, sem os enfrentamentos, a alforria não será possível. É a partir deles que identificamos o caminho a ser percorrido, o paraíso que só conheceremos quando ouvirmos a voz do coração.

O pastoreio do eu passa pela escuta dessa voz, mas é preciso aprender a ouvi-la. É ela que pode nos manter no eixo da verdade existencial, no elã que nos concede coerência. É sob o pastoreio da voz interior que superamos os excessos do indivíduo que hospedamos, o ser que está sedimentado na estrutura original que somos e que precisa evoluir para alcançar a plenitude a que fomos chamados desfrutar.

Se realmente formos aonde o nosso coração mandar, chegaremos à geografia que nos permitirá chegar a outra geografia, que não está nem no tempo, nem no espaço, mas no centro de nós mesmos, no lugar em que albergamos nossas possibilidades e limites, lá onde não prevalecem o equívoco e as exigências injustas dos que nos imaginam.

A voz do coração não nos expulsa de nós mesmos. Ao contrário, ela nos devolve ao ventre de nossa origem, coloca-nos diante do estatuto que nos identifica, e faz conosco o mesmo que a avó fez com a neta: conta-nos a verdade. E, estando esclarecidos, ainda que tenhamos que sofrer com o que encontramos, a continuidade torna-se viável.

E, a nós, o desafio se coloca. Seremos eternamente responsáveis pela tutela do eu. Somos a primeira instância responsável pela sentinela de nossa verdade. Trata-se de uma vigilância que não permite descanso, tampouco ser delegada a alguém. Nada nem ninguém poderá fazer esse trabalho por nós. Podemos até encontrar colaboradores ao longo do percurso, mas esse protagonismo terá de ser vivido por nós.

O eu que desvendamos

E, assim, vamos aprendendo a ouvir a voz do coração, identificando se os que seguem conosco nos ajudam ou dificultam o aprendizado. Seguimos buscando chegar ao lugar que o coração propõe, assumindo o protagonismo do eu original.

Ouvir a voz do coração não consiste em descambar num sentimentalismo fútil, concedendo à emoção do momento o crivo decisório para nossas escolhas. Embora na cultura ocidental o coração tenha sido fortemente associado às instâncias das emoções, muitas vezes privando-o de razão e lógica, aqui não compreendemos assim. Na abordagem que fazemos, e que também é a proposta da obra que citamos no capítulo anterior, coração é compreendido como consciência, centro do ser, cerne existencial em que toda a idiossincrasia está estabelecida. Nele encontramos sentimentos, mas também razão. É a partir desses dois pilares que compreendemos o coração.

Nossos desafios continuam. A voz que pastoreia o nosso eu coloca-nos urgência diária de administrar as forças contrárias à nossa maturidade. Como já dissemos, o amadurecimento humano só é possível quando nos dispomos à labuta diária. Desde a mais tenra consciência, quando nos tornamos capazes de perceber os limites que nossa individualidade nos impõe, somos naturalmente inseridos num desassossego que nos instiga a buscar superação. Da superação brota o autoconhecimento. E vice-versa.

Uma coisa é certa: sair da condição de indivíduo e iniciar a posse do que somos, reconhecer no emaranhado do mundo as circunstâncias que favorecerão o nosso florescimento humano, só é possível quando nos dispomos à investigação do eu. Quanto mais honestamente nos investigamos, muito mais vamos tomando conhecimento do funcionamento das engrenagens que nos tornam possíveis. Quando a investigação pessoal se torna natural em nós, isto é, quando nos negamos a ser estranhos a nós mesmos, optando por nunca deixar de sondar os sentimentos que nos ocorrem, os pensamentos que nos determinam e os atos que tornamos rotina, somos naturalmente conduzidos ao enfrentamento das escravidões provocadas pelas forças do nosso individualismo.

É por isso que o processo do autoconhecimento se funde com o do *ser pessoa*. O *ser* que se conhece arregimenta melhor as possibilidades e os limites que a ele são inerentes. Se a condição para ser pessoa é dispor de si para dispor-se ao outro, nota-se, concomitantemente a esse processo, um desvendamento que torna consistente a dinâmica do *ter-se para oferecer-se*.

O autoconhecimento é a dinâmica interior que nos possibilita saber o que verdadeiramente já temos do que somos, e com que liberdade podemos oferecer aos outros o que já temos do que somos.

Santo Agostinho,[40] grande místico e filósofo cristão, sugeriu que *Deus só nos pede o que já nos deu*. É muito intrigante e sábia essa sugestão, pois nos permite compreender a dinâmica das ações humanas, colocando-as numa íntima ligadura com o *Ser divino* que nos sustenta e que às ações antecede.

Sob essa perspectiva de teor religiosa, a experiência da vida pode ser compreendida como ato constante de devolução. De Deus nos recebemos e aos outros nos damos. Na perspectiva agostiniana, porém, nós só podemos dar o que já nos foi dado. Veja bem, há nessa abordagem uma existência compreendida como dom recebido. Somos. E o que somos nos foi permitido ser. Nada precisamos fazer para dispormos do *ser* que *somos*. Ele nos foi dado, resultado de uma generosidade divina. Tudo nos foi dado *essencialmente*, como potencial, assim como a semente recebeu todas as possibilidades da árvore, sem que nada tenha feito para assim ser. A essência recebida precisará se desenvolver, despertar todo o potencial que nela está latente.

Contudo, essa reflexão de Agostinho pode não servir aos que não creem em Deus. E sei que muitos leitores que estão com este livro nas mãos não acreditam, mas não há conflito. Façamos um exercício simples. Basta reconhecermos em nós tudo o que não passou pelo nosso esforço, tampouco pelo processo de escolha. São dons e aptidões que nos diferenciam de todos os outros seres humanos. E ainda que não

---

40. Nascido em 354 em Tagaste, na Numídia, Santo Agostinho é considerado o filósofo e teólogo de maior relevância dos primeiros séculos do cristianismo.

vejamos ou reconheçamos na origem de nossos dons e riquezas uma natureza divina, acabaremos por reconhecer que, na origem deles, há algo de sublime. A reverência à dimensão sublime que envolve a vida humana não é um privilégio de crentes. Os ateus também desfrutam desse deleite.

Pois bem, para refletir melhor sobre esse ser em potencial que somos, vamos retomar aqui as categorias aristotélicas de essência e acidente. Lembrando que essas categorias foram propostas por Aristóteles numa tentativa de compreender a realidade do mundo criado, num momento em que a reflexão filosófica estava quase toda voltada aos interesses das pesquisas sobre a origem do mundo.

Categorias são conceitos que favorecem uma compreensão mais profunda do mundo que nos cerca. Recapitulando. Segundo Aristóteles, a *essência* é o que dá a identidade ao ser. Sem ela, o ser não pode ser reconhecido como sendo ele mesmo. A essência é o âmago do ser. É o elemento fundante que estabelece a identidade.

Veja bem, não estamos tratando de uma linguagem estranha a nós. Já estamos familiarizados com ela, muito embora em nosso dia a dia nem sempre percebamos a sua dimensão filosófica. Conhecemos bem a aplicabilidade que o termo essência tem em nossa vida. Um perfume, por exemplo, tem em sua composição uma essência que o identifica e o diferencia dos outros.

Na linguagem usual, nós também recrutamos o termo essência para falar do que diz respeito à verdade das coisas, dos seres e de nós mesmos. No entanto, nem sempre o fazemos a partir da proposta de Aristóteles. Nele a essência tem um significado ainda mais profundo. Uma realidade só é o que é porque há uma essência que a faz ser. Já o *acidente* é algo que pode ser inerente ou não ao ser. Ele não interfere estando, nem se ausentando.

O acidente não determina o ser. Um exemplo muito simples. A flor é essencialmente flor. Ser pequena ou grande é mero acidente. A menor das flores presente na natureza não deixa de ser flor por conta de seu pequeno tamanho. A mesma regra vale para a cor. A flor é essencialmente flor, mas pode ser vermelha, amarela, roxa. A cor se apresenta como um acidente na essência da flor.

Vamos adiante. Quando olhamos para uma semente, nela encontramos todas as possibilidades de sua espécie. A essência está ali. Foi dada por herança. A árvore frondosa que hoje nos oferece sombra iniciou seu processo numa frágil estrutura vegetal. A essência e todas as possibilidades daquela espécie já estavam latentes na semente. O todo daquela possibilidade vegetal estava esperando silenciosamente pelo tempo de *vir-a-ser*. A essência da árvore mora escondida em suas sementes. É assim que ela continua se multiplicando, perpetuando sua espécie.

Depois que enfrenta o silêncio profundo do chão, ela irrompe na busca de luz e passa a viver o processo de *tornar--se* o que *essencialmente ela já é*. E, após cumprir o destino de ser árvore, a essência continua presente no mundo, mas de outro modo. O tempo vai revelando, aos poucos, tudo o que essencialmente a árvore poderá se tornar. Móveis costumam ser de madeira. Pois bem, quando estamos diante de uma mesa, de uma cadeira ou de uma cômoda, estamos filosoficamente diante dos acidentes da madeira. É claro que não costumamos fazer essa diferenciação no nosso dia a dia. Não esquartejamos a realidade para pensá-la. Entretanto, se quisermos pensar filosoficamente uma realidade, procuraremos sempre o anterior das coisas que vemos.

A mesa é essencialmente árvore, madeira. Por acaso, tornou-se mesa. Poderia ser um armário, sem que isso mudasse a sua essência. O acidente é o fato de ter sido usada para fazer um armário. Em qualquer que seja o formato assumido, continua essencialmente madeira.

Veja bem, não vamos nos ater aos inúmeros desdobramentos da filosofia de Aristóteles sobre essência e acidente. O que nos interessa é esta breve distinção que fizemos anteriormente: essência é o elemento que dá a identidade de uma realidade. É ele que sustenta o ser das coisas. Acidente é tudo o que gravita em torno do ser, nunca podendo alterar a essência.

Veja bem, a mesma regra vale para nós. Somos essencialmente humanos. Todos os estatutos de nossa condição já nos foram dados. Se por acidente nascemos no Brasil ou no Japão, não importa. A nacionalidade não muda a essência. A cor também não altera. Brancos, negros, pardos ou amarelos, somos todos essencialmente humanos. Ainda que em pontos diferentes do universo, somos humanos. Trazemos em nós os estatutos da condição. E todos nós, em situações que podem variar de acordo com o meio em que estamos inseridos, viveremos os processos normativos da condição humana. Nascemos portadores de limites extremos, viveremos um desenvolvimento lento que aos poucos nos concederá mais autonomia; depois, passaremos pelas fases do amadurecimento físico e psicológico, experimentaremos as crises que são inerentes à condição humana e então morreremos. O processo humano é o mesmo em qualquer lugar do mundo. Somos humanos.

Aqui queremos retomar o processo normativo que todos nós experimentamos: *do indivíduo ao ser pessoa*. Veja bem, como já acentuamos, estamos todos sob o mesmo desafio. Precisamos vencer os condicionamentos que o individualismo nos impõe. Eles nos distanciam do processo de amadurecimento que acarreta a posse do que somos.

Aristotelicamente falando, assim como a semente precisa *tornar-se* a árvore que *essencialmente é*, nós também precisamos nos tornar quem somos. Essa reflexão serve a crentes e descrentes. Todos necessitamos viver a potencialização da essência. Já recebemos o essencial. Há uma realidade que nos antecede e que nos ofereceu o todo que somos. Eu, que pauto minha compreensão antropológica na reflexão cristã, compreendo esse anterior como Deus. Dele me recebo. No entanto, ao que não crê como eu, preserva-se o mistério do anterior, sem até mesmo carecer dar nome ao que o antecede. Preserva-se a humanidade como um dom sublime que não suporta ser explicado, uma realidade que transcende o resultado das teorias humanas, as investigações filosóficas que nunca conseguiram abarcar a totalidade do que experimentamos sendo quem somos.

O fato é que estamos todos na busca pela essência. Crentes ou descrentes, todos nós necessitamos desencadear o processo de florescimento da essência que nos foi concedida. Sim, a existência humana é um dom misterioso que administramos diariamente. Conscientes ou não, estamos todos a viver o desafio de chegar ao conhecimento de nossa verdade essencial. E, o mais interessante, embora estejamos imersos no mesmo contexto essencial, isto é, somos todos humanos, cada um, de acordo com sua idiossincrasia, busca o desvelamento dos detalhes da essência a seu modo. Embora estejamos todos atados pela mesma constituição, trazemos em nós o específico a que chamamos de *eu particular*.

Essa é nossa mais honesta e verdadeira busca. A esta voz devemos obedecer: a voz que nos esclarece sobre as necessidades de nosso coração. É através dela que acessamos o cerne do que somos. E é no contato com o ser que somos que passamos a conhecer melhor a maneira de desenvolver a nossa essência. O coração se encarrega de nos dizer do que ele precisa. Por isso, é tão necessário desenvolvermos a perícia de ouvi-lo.

Para tomar posse do ser que é, o ser precisa se conhecer. Ser *um ser que se possui*. Ver-se como uma estrutura existencial, um núcleo original em que a essência está plenamente estabelecida, sempre pronta ao movimento de evolução, aprimoramento que a faz chegar ao melhor de si. Ser um ser que se tem. E, porque se tem, um ser que pode se oferecer de forma generosa.

O eu na dinâmica do vir-a-ser

Mais um pouco de filosofia não faz mal a ninguém. Aliás, a curiosidade é a marca do filósofo. Manter vivo o nosso desejo de conhecer é fazer jus ao elemento que nos distingue de todos os outros espécimes criados: a racionalidade.

Pensar filosoficamente consiste em pensar com mais amplitude e profundidade. Equivale a superar a superfície dos fatos, quebrando a casca da realidade, e a mover o nosso olhar para o coração dela. A filosofia nos empresta categorias que nos permitem esse aprofundamento. Quem se utiliza de seu precioso depósito de conhecimento arregimenta instrumentos para um viver mais consciente. Como consequência, desfruta de uma vida mais refletida, mais examinada, mais consciente, mais interessante.

Costumeiramente somos muito rasos na elaboração conceitual que fazemos do mundo. Temos a tendência de nos limitar à aparência das coisas. Nem sempre refletimos de maneira consciente sobre as questões que nos envolvem. Eu me recordo da primeira aula que tive na faculdade de Filosofia. Logo após se apresentar e pedir que fizéssemos o mesmo, o professor elevou um livro e perguntou: "O que vocês estão vendo?". Fomos unânimes em responder: "Um livro". E ele encerrou a questão dizendo: "Não, vocês não estão vendo um livro. Vocês estão vendo a parte de um livro". E, assim, ele nos dava a primeira chave de leitura do curso: a realidade é sempre mais do que podemos abarcar com nossos sentidos. Somos limitados na percepção que temos do mundo. O conhecimento fica mais profundo à medida que nos aproximamos e investigamos o que queremos conhecer. Por isso, é preciso manter viva a chama da curiosidade, pois é ela que nos mantém filósofos ao longo da vida.

É por meio da interrogação filosófica que nós desconstruímos as estruturas preconceituosas que nos apartam do verdadeiro conhecimento. Sim, as primeiras elaborações racionais que fizemos da realidade foram fortemente condicionadas por visões preestabelecidas, pouco abrangentes.

Nunca mais eu pude me esquecer daquele episódio. O professor tinha razão. Somos muito apressados em dizer o que vivemos. Essa pressa dificulta a nossa busca pelo sentido oculto do que vivemos. Tratamos com muita superficialidade nossas questões. Há a prevalência de uma preguiça intelectual e emocional. Queremos nos livrar rapidamente de tudo o que nos desassossega. Deveria ser o contrário. É importante receber o desconforto, ouvir o que ele tem a nos dizer. É a partir dele que tomamos decisões importantes para o nosso amadurecimento.

Em algum momento da vida, a maioria de nós se desprende da disposição filosófica de perguntar sobre os antes que geram nossas condutas. Não somos por acaso. O que hoje se manifesta está estreitamente atado a realidades passadas.

Uma intervenção satisfatória sobre o agora da vida requer um recuo histórico. Esse recuo histórico é retórico. Ele se dá por meio da palavra, da argumentação, da reflexão que retira o véu da realidade e a expõe ao entendimento. A nossa superficialidade, porém, nos afasta dos enfrentamentos importantes. Com isso, distanciados das soluções que os enfrentamentos poderiam nos trazer, passamos a ser comandados pelas instâncias que não foram esclarecidas.

Ao ficarmos apartados da reflexão que nos tornaria mais esclarecidos e conscientes, deixamos de potencializar o que podemos ser, limitando-nos a dispor parcialmente de nossas possibilidades.

Veja bem, a partir de Aristóteles, podemos filosoficamente dizer que a essência do eu já nos foi dada. E, ainda que a neurociência não saiba localizar no cérebro a casa do *eu*, entendemos que todas as possibilidades e limites desse *eu* já nos tenham sido entregues.

Podemos dizer que estamos *essencialmente* dados a nós mesmos. Somos uma soma de informações genéticas que nos foram entregues pelos nossos progenitores, que também as receberam de seus progenitores, que também as receberam de seus progenitores, e assim vamos escarafunchando nossa árvore genealógica até chegar a Adão e Eva, personagens simbólicos da origem humana.

Somos semelhantes às sementes. Trazemos em nós todas as informações que nos determinam. A essência nos foi dada. No entanto, assim como as sementes sofrem as influências dos meios em que são semeadas, nós também sofremos.

Somos essências semeadas. E somos essencialmente quem somos quando semeados. Contudo, o desenvolvimento do que somos será um processo de vir-a-ser que pode ou não ser favorecido pelo meio em que estivermos.

Não basta ser, é preciso ter condições de vir-a-ser o que já se é, uma vez que o que já somos nós o somos em potencial, isto é, um estado de ser que precisa ser desenvolvido.

Parece complicado, mas não é. Pensar filosoficamente requer calma, repetição, até que o entendimento se firme. Vamos recrutar mais um filósofo para nos ajudar a pensar a dinâmica do vir-a-ser.

Ele viveu antes de Aristóteles. Heráclito de Éfeso é o nome do homem. É possível que você já tenha ouvido muitas vezes uma frase que lhe é atribuída: "Não se banha duas vezes na água de um mesmo rio". Heráclito compreendeu que tudo no mundo é movimento. Só o próprio movimento não se move, apesar de tudo ser movido por ele. O exemplo clássico de Heráclito para essa compreensão do mundo é o rio. O rio nunca é o mesmo, pois está sempre passando. Se observar o movimento das águas, você concluirá que o rio é sempre outro. A isso Heráclito chamou de *vir-a-ser*, ou *devir*.

Numa tentativa de explicar a origem do mundo, ele intuiu que o universo está comandado pelas regras da impermanência. Tudo que vemos já está deixando de ser para tornar-se outro. Ao colocarmos os pés no rio, nós já estamos experimentando a sua impermanência. O rio que está passando por nós já não é o mesmo rio que nos recebeu. Ele já está se tornando outro. Águas que partem, águas que chegam.

O processo do vir-a-ser de Heráclito é muito sugestivo para nossa reflexão, sobretudo quando o abraçamos ao conceito aristotélico de *essência*. O *eu* que somos está em processo de devir, que é o tempo do desenvolvimento, do cultivo, da ação externa que favorece a potencialização da herança interna, isto é, de tudo o que essencialmente já está em nós.

Essa linguagem não é usual, mas pode ser apreendida a partir de hoje. Ela nos ajuda a pensar com mais profundidade. *Já é, mas ainda precisa se tornar*. Note que há um movimento, uma força motriz que precisa ser acionada, elevando à potência máxima o que substancialmente já está em nós.

Se observamos responsavelmente uma criança, podemos identificar nela, desde muito cedo, as aptidões, os gostos, as tendências. São as forças gravitacionais do eu levando-a ao centro de sua identidade. É o processo maiêutico do autoconhecimento. De acordo com os estímulos do mundo que já pode detectar e compreender, a criança demonstra ou não interesse. É como se o mundo exterior lhe indicasse um mundo interior, uma conexão misteriosa que vai lhe permitindo saber, de tudo que a rodeia, o que tem a ver com ela. Todos nós podemos buscar na memória as experiências que foram fundamentais para que descobríssemos nossos gostos pessoais.

Desde menino eu já demonstrava o gosto pela música. Nasci numa casa muito musical. Meu pai tinha acordeão, viola, violão, pandeiro. Tínhamos uma vitrola com muitos discos. Muita música popular brasileira e música caipira, gosto do meu pai que depois também passei a cultivar. Eu me recordo que gostava de ler as fichas técnicas. A mim interessavam os compositores, os maestros, os instrumentistas. Gostava de conhecer os bastidores que tornavam possível aquele trabalho. Meu interesse por aqueles nomes desconhecidos no meu mundo, já que só o artista nos interessava, cresceu com o tempo. E isso já era um indicativo de que a música ocuparia um espaço muito especial em minha vida. Foi com imenso prazer que um dia, tão distante daqueles tempos de menino, pude ter na minha ficha técnica os mesmos nomes que estavam naqueles discos. Tive o privilégio de gravar com grandes produtores, maestros e músicos da nossa preciosa música popular brasileira.

Minha aptidão pela música estava silenciosa. Ela só foi despertada aos 15 anos, através de um menino muito musical que tínhamos no bairro. O nome dele é Alessandro Teixeira, famoso por saber tocar violão e cantar muito bem. Antes do Alessandro, eu até me arrisquei a cantar uma música na escola primária, mas a timidez me derrubou e o acontecimento se tornou uma lembrança dolorosa. Alessandro foi convidado por uma líder de nossa comunidade para tocar violão durante uma coroação que faríamos à Nossa Senhora. Era mês de maio. Quando ele nos encontrou, gentilmente perguntou se alguém gostaria de cantar com ele as músicas da coroação. Alaíde, nossa coordenadora, de imediato me expôs: "O Fabinho é quem puxa os cantos para nós nos encontros do setor".

Pronto. Ali tudo começou. Alessandro, com muita habilidade, me fez esquecer a timidez e me fez cantar uma música com ele no ensaio. Recordo-me como se fosse hoje do olhar e das palavras dele para mim: "Nossa, que voz bonita você tem!". A partir daquele momento nasceu uma amizade e uma parceria. Passamos a cantar em missas, casamentos e fazíamos serenata na cidade inteira. Depois fomos juntos para o Seminário de Lavras, em Minas Gerais. E lá fomos acolhidos pelo padre Maurício Leão, homem que foi fundamental para que aperfeiçoássemos o nosso dom. A mim padre Maurício incentivou mais. Que eu compusesse, que eu escrevesse.

Meu interesse pela literatura também aconteceu desde muito cedo. E também passou por pessoas que foram fundamentais na minha vida. A primeira delas foi dona Conceição, a bibliotecária do grupo escolar onde fui fazer o primário. No primeiro dia de aula fomos levados para conhecer a biblioteca. Ela nos recebeu. Poderia ter se limitado a dizer: "Esta é a biblioteca e vocês poderão vir buscar livros aqui". Mas não, ela foi além. Ela nos olhou com muita seriedade e calmamente nos disse: "Estão vendo estes livros? Neles moram muitas pessoas interessantes. E todas elas vivendo histórias incríveis. Através deles vocês poderão viajar e conhecer mundos muito diferentes deste em que vocês vivem". A fala de dona Conceição foi tão importante para mim que ela nunca caiu no esquecimento. Suas palavras provocaram o leitor que já existia em mim. Eu nunca tinha tido um livro nas mãos. Minha infância pobre não me permitiu ter acesso a eles. Em casa, só tínhamos a Bíblia, que nem podia ser tocada. Era muito mais um objeto de decoração do que um livro a ser lido. Saber que os livros poderiam me levar a conhecer mundos diferentes do meu foi a porta que nunca mais foi fechada. Descobri na literatura uma sobrevivência. Num tempo em que eu não tinha condições de sair de minha cidade, eu já conhecia muito da cultura do Rio Grande do Sul – através do romance *O tempo e o vento*, de Erico Verissimo –, a Bahia de Jorge Amado, o sertão de Graciliano Ramos.

Em outro momento da vida, quando deixei os estudos para ir trabalhar na construção civil com meu pai, fui resgatado por uma orientadora de ensino que sentiu a minha falta no colégio. Eu estava cursando o sétimo ano do Ensino Fundamental. Morávamos em Piumhi, Minas Gerais. Vivíamos um momento de muita dificuldade financeira. Eu decidi que deixaria de estudar. Queria ajudar financeiramente. Meu pai não questionou. Homem simples, sem nenhum estudo, não viu problema em minha desistência. Já fazia uma semana que eu tinha deixado de frequentar as aulas. Ao perceber a minha ausência, Ila Bueno, a orientadora de ensino da Escola Estadual Professor João Menezes, procurou saber do meu paradeiro. As informações dadas pelos meus colegas fizeram com que ela chegasse à minha casa. Minha mãe contou o que eu havia decidido. Ela pegou o endereço da obra onde eu estava trabalhando com meu pai e foi me encontrar. Recordo-me como se fosse hoje. Eu estava coando areia quando vi aquela mulher bonita, elegante, entrando calmamente. Ela olhou para mim, sorriu e perguntou: "O que você está fazendo aqui, menino?". De imediato me pegou pela mão e me pediu que a conduzisse até o meu pai. Eu o fiz. Muito respeitosamente, o meu pai tirou o chapéu da cabeça e se pôs a ouvi-la. Ela falou muitas coisas. Falou para ele da minha inteligência, que seria um "pecado" eu parar de estudar. Ele concordou com ela. De tudo o que foi dito, uma frase nunca saiu de mim. Ela disse: "Senhor Natinho, o senhor sabia que o seu menino escreve muito bem?". Ele respondeu: "Não!". Ela continuou: "Ele escreve. Se quiser, poderá até ser um escritor um dia!".

Eu fui salvo pela Ila. Fui salvo pela sua sensibilidade, pela sua capacidade de perceber os ausentes e de ir buscar por eles. O gesto daquela mulher ainda repercute em mim. Ela profetizou, viu em mim o que eu ainda não via. Conheceu de mim o que eu ainda não conhecia. Interferiu no meu vir-a-ser.

Hoje, tendo a escrita como um dos ofícios que exerço, estou intimamente ligado ao seu gesto de amor. Ila me livrou da ignorância, do equívoco de trocar os estudos por uma comodidade circunstancial. Os livros abriram meus horizontes, transformaram o meu futuro.

Desde menino, a literatura abriu sulcos na minha alma. Trouxe-me conhecimento, aguçou minha sensibilidade, fez-me entender que, quando a realidade não nos basta, ela nos oferece outros mundos.

Em outro momento, alguns anos depois da interferência de Ila, fui mais uma vez favorecido por uma pessoa que reconheceu o meu pendor literário. Foi a ela que eu mostrei os poemas que secretamente escrevia. Vamos aos fatos.

Eu trabalhava no bar de um clube chamado Praça de Esportes. E lá também trabalhava Edna, uma moça alta, jogadora de basquete, sempre muito séria. A seriedade não era sem motivo. Ela era responsável pela disciplina dos banhistas numa das piscinas do clube. Aos poucos, fomos ficando amigos. Descobri que por trás daquela mulher aparentemente sisuda existia uma alma sensível. Um dia ela me contou que tinha enviado um de seus poemas para um concurso, e que ele havia sido selecionado para fazer parte de um livro composto por novos autores. Ela estava feliz. E eu fiquei por ela. Com o tempo, eu me encorajei a contar que também escrevia. Ela se interessou e pediu para ter acesso aos meus escritos. E, como a confiança já estava estabelecida, Edna foi a primeira a ler as minhas aventuras literárias.

Hoje, este livro que está em suas mãos, caro leitor, cara leitora, posso afirmar, sem medo de errar, ele tem resquícios das mãos de Edna. Só eu sei o quanto ela foi fundamental para que eu começasse ali um investimento na arte de escrever. Ela foi a primeira a partejar o escritor que existia em mim. Mesmo sabendo que o material que lhe fora oferecido estava longe de ser um trabalho para ser publicado, ali existia um início que ela soube valorizar e reconhecer.

Somos o que somos porque muitos nos partejaram. Eles não nos inventaram. Nós já éramos em potencial, mas eles contribuíram para que viessem à luz os seres que somos. É por isso que a honestidade intelectual nunca nos permite conjugar o que fazemos no singular. Somos a soma de muitos. O que hoje podemos oferecer ao mundo foi partejado no silêncio de fases da vida que estão alinhavadas nos avessos do que somos. Nos avessos de minhas tramas existenciais estão as contribuições de muitas pessoas.

Pois bem, à medida que crescia, fui descobrindo também o meu gosto pelas artes. Já desenhei, pintei e interpretei. Mas o mais importante: eduquei o meu olhar. Percebi que o gosto pela arte me concedia o belo benefício de ter um olhar sensível à beleza.

Mais tarde, pude entender isso quando um fotógrafo profissional elogiou minhas aventuras fotográficas. Ele me disse: "Seu olhar é educado. Busca exatamente onde está a beleza". Fiquei muito feliz em saber que a arte me deixou esse benefício.

Durante as minhas descobertas acadêmicas, não demorei muito para identificar que não gostava de Matemática, Física e Química. Passei todo o Ensino Fundamental e o Médio amargando resultados sofríveis nessas ciências. Era um pavor diário lidar com elas. Sentia-me inapto para as regras que elas postulavam. Nas áreas humanas eu apresentava excelentes desempenhos. Identificava que algumas áreas do conhecimento humano me estimulavam, ao passo que outras faziam o contrário.

O fato é que a gente se descobre ao longo da vida. Trata-se de um desvelamento, como se uma cortina fosse aos poucos levantada, deixando o altar, que antes permanecia encoberto, sob a luz do conhecimento. O eu que já existia em essência inicia o seu desabrochamento, o romper processual, maiêutico, que vai colocando-o no mundo, tornando-o capaz de afirmar-se diante dos outros eus.

Como já dissemos, esse desvelamento nem sempre acontece de maneira natural. São muitos os obstáculos que o *eu* enfrenta para tornar-se quem é. Nem sempre nossas ambiências emocionais são favoráveis. Há que se viver diariamente um embate com o mundo que não costuma tolerar a autenticidade do eu.

Este é o ponto nevrálgico deste livro. Por que é tão difícil eleger e manter a autenticidade como uma regra de vida? Por que tão facilmente incorremos no erro de viver apartados de nossas verdades pessoais, negados em nossas identidades, dando vida a personagens que nos foram impostos?

Por que trocamos nossos eus essenciais por outros, forjados pela hipocrisia, pelo equívoco de permitir que os outros paralisassem nossas buscas por nós mesmos?

Sabemos que são perguntas complexas. Não seria honesto forjar respostas prontas. Primeiramente precisamos pontuar uma premissa importante. Não cabe vitimismo nessa análise. Cada ser humano deve ser o legítimo administrador de sua verdade pessoal. Não é honesto derrubar sobre ombros alheios as responsabilidades de não termos sido quem poderíamos ser. Não cabe derramar culpas sobre pais, mães, tutores, professores, irmãos, amigos, por termos renunciado ao cultivo de nossa verdadeira essência, passando a estabelecer escolhas que nos distanciaram de nós mesmos. De nada vale chorar sobre o leite derramado.

A atribuição de responsabilidade é justa. Reconhecer os que ao longo de nossa história foram responsáveis pela inibição que nos impediu de mostrar ao mundo nossa verdade, trocando-a por uma caricatura de nós mesmos, é até importante fazer, pois faz parte do esclarecimento que precisamos ter. Atribuir responsabilidade faz parte do processo do autoconhecimento. É salutar saber o porquê de termos vivido desta ou daquela forma. É importante identificar quem nos privou e quem nos motivou a ser quem somos. Mas atribuir culpas, não é. Culpas alimentam o vitimismo, a postura que nos torna justificados, inclusive reforçando a nossa inércia existencial.

Quando optamos pelo vitimismo, alimentamos a pretensão de que os outros têm uma dívida conosco, e que precisamos ser restituídos por eles. Bem mais honesta é a atribuição de responsabilidades, pois é um enfrentamento que fomenta a maturidade, fazendo-nos entender que a única restituição possível de ser feita é a que nós podemos realizar. Nunca é tarde para retomar a dinâmica da verdade, para abandonar os papéis que nos foram impostos. É preciso reconhecer, ainda que ao final de nossa vida, que o *eu* nunca deixará de merecer o prazer do nascimento.

O eu negado de Antônia

Há pessoas que demoram para nascer. Não, não estamos nos referindo ao nascer biológico. Aliás, para essa modalidade de nascimento existem muitos recursos que apressam e facilitam o momento de a mãe trazer o filho ao mundo. O nascimento a que estamos nos referindo é o do espírito, quando a consciência do eu se ilumina e então passamos a protagonizar o processo do florescimento da essência que somos, do empenho existencial que fazemos para que ela prospere e dê frutos.

Com Antônia foi assim. O seu nascer foi tardio. Filha única de uma família abastada, Antônia sofreu desde muito cedo com as consequências do autoritarismo do pai. "Amor nunca me faltou", disse-me ela. No entanto, faltou algo que é essencial: o pai amoroso não soube lhe conceder a liberdade para descobrir-se como pessoa.

Ele era alemão. Veio para o Brasil com os pais quando era uma criança de colo. A família se instalou em Santa Catarina. Em pouco tempo, a família do pai conseguiu se estabelecer numa cidade no interior do estado. Trabalhar não é um problema para os alemães. Aprendi com eles no tempo em que morei no Sul.

Quando o pai de Antônia era muito jovem, ele se casou com a filha de um dos alemães que haviam acompanhado sua família na retirada da Alemanha pós-guerra. Um casamento sem amor, arranjado por conveniência, como sempre fez questão de contar, mesmo quando tinha a esposa por perto. Depois de um ano de casados, Antônia nasceu. Sua infância foi marcada pela insegurança. Sempre que se põe a recordar os registros da primeira fase da vida, vem à sua mente a presença autoprotetora do pai. Pode parecer contraditório, mas o fato de o pai ter sido muito presente em sua vida não a salvou do perigo de sentir-se só. Há solidões que nascem de excessos, e não de ausências.

A mãe sempre foi muito submissa ao marido. Os dois trabalhavam juntos na produção de queijos, doces e outros produtos artesanais. O negócio prosperou, e, quando Antônia adentrou a juventude, a família já era proprietária de uma fazenda produtora de gado bovino de leite e corte.

Antônia sempre foi muito próxima ao pai. Essa proximidade se tornou ainda mais estreita com a morte da mãe. Ela tinha 22 anos quando precisou sepultar a mulher que a trouxe ao mundo, mas que tão pouco participou de sua intimidade. A mãe era mais que submissa. Parecia imersa num desinteresse por qualquer outra coisa que não fosse o trabalho, como se obedecesse a um regime oculto de escravidão, como se estivesse o tempo todo observada por um feitor que poderia castigá-la, caso não cumprisse fielmente com seus deveres. Nunca foi afetuosa. Nem com Antônia, nem com o marido. Não sabia quebrar a expressão sisuda que sempre cobria o seu rosto. Um semblante pesado, como se a vida fosse um fardo a ser inevitavelmente transportado. Morreu sem ter sido conhecida. Um eu acorrentado pelo medo, pela timidez, amordaçado pelas circunstâncias da vida, vítima do desconhecimento de suas reais possibilidades.

O pai era expansivo. Em casa, com os amigos, tinha sempre uma história que fazia questão de contar com o auxílio de gestos e expressões faciais. Era também imprevisível. Passava da alegria à irritação numa fração de segundos. Um homem explosivo que tinha imensa facilidade de amar e odiar em milésimos de segundo.

Antônia cresceu sob suas influências. Assumiu dele a determinação, o empreendedorismo, a capacidade de multiplicar o dinheiro. Desde muito cedo, o pai a privou de seu mundo de menina. Uma violação que nunca foi problematizada pelos que viviam mais próximos. Antônia não brincou de boneca, não teve amigas. Limitava-se aos poucos contatos estabelecidos no colégio, mas a rotina que a absorvia nunca permitia que eles se estendessem para fora de seus muros. Os mundos eram muito diferentes. Embora fosse comum em comunidades alemãs, nunca pôde se inserir nos grupos de dança. Apreciava à distância. Ainda que para isso tivesse vontade, nunca conseguiu pedir ao pai que lhe autorizasse, pois sabia que ele contava com ela nas lidas da fazenda.

Antônia não se casou. Dedicou-se inteiramente ao pai até o dia em que o encontrou morto no quarto. Um ataque cardíaco roubou sua vida. Ela tinha 57 anos quando viu a sua família terminar com o sepultamento de seu pai. A solidão expôs sua nudez existencial. Ela precisava sobreviver àquela perda. Mais que isso, carecia descobrir o quanto dela restara com a morte do pai. A perda lhe expôs muitas outras perdas. Todas elas foram derramadas de uma só vez, num colo de mulher que pouco sabia de si, uma existência que sempre orbitou em torno de outra, nunca para ela, sempre para ele. Uma mulher embrutecida, pouco afeita às manifestações da imensa sensibilidade que nela ficou soterrada.

Eu a conheci quatro anos após a morte do pai. Parecia perdida de si mesma. Confessou-me que nunca se sentiu mulher. Toda sua feminilidade foi sepultada naturalmente com a proximidade excessiva com o pai. O serviço na fazenda não lhe permitia os cuidados que são próprios de uma mulher. Acostumou-se à restrição. Nas poucas vezes em que apareceu com as unhas pintadas, tornou-se motivo de piada entre o pai e os peões. Viveu a descoberta sexual na solidão e, quando demonstrou interesse por um rapaz, logo percebeu que ele não se interessava por ela. Ele a fez perceber da pior forma. Estavam todos juntos numa roda de chimarrão, num fim da tarde, quando um deles brincou: "Tu bem que podia casar com a Antônia". Ele se apressou em dizer: "Mas eu gosto é de mulher, rapaz. Deitar com a Antônia deve ser a mesma coisa que deitar com um macho!".

Antônia nunca mais pôde esquecer aquela cena. Após a rejeição do homem que ela amava em segredo, o grupo caiu na risada. Sentindo o chão abrir sob seus pés, devolvendo-a ao estado mais puro de vulnerabilidade, procurou amparo nos olhos do pai, certa de que ele lhe estenderia um divino auxílio. Em vão. Ele estava rindo também. Embora estivesse apunhalada pela dor, pela vergonha, pela rejeição, pela solidão, ela aderiu ao riso, como se tudo aquilo lhe soasse engraçado também. De repente, sem que ninguém percebesse, o riso se transformou num choro que aos olhos de todos era o processo final do excesso de graça, quando a piada é tão boa que nós choramos de tanto rir. O dito popular lhe estendeu a mão, ofereceu o álibi de que tanto necessitava, pois não saberia lidar com a descoberta de todos.

Ao disfarçar que o riso intenso havia lhe arrancado lágrimas dos olhos, Antônia livrou-se da possibilidade de ser descoberta, flagrada em seu amor não correspondido. Aquela rejeição soou como definitiva. Desde aquele dia ela sedimentou em si a convicção de que não era atraente aos olhos de ninguém.

Quando conheci Antônia, ela administrava, naquele momento da vida, as consequências de sua negação como pessoa. Ao receber as influências do ambiente em que foi criada, permanecendo sem a força do papel feminino que poderia ter sido exercido pela mãe, ou até mesmo pelas amigas da escola, Antônia viveu um silencioso embrutecimento do ser. Estando totalmente abarcada pelo autoritarismo do pai, ela deixou de desfrutar da oportunidade de mergulhar em sua essência, trazendo à tona a mulher sensível que diariamente era aniquilada pela dureza do cotidiano que lhe era imposto.

Ela experimentou a fragilidade original sob o medo que nutria pelo pai, internalizou que ele jamais poderia ser contrariado, ainda que isso lhe custasse desconsiderar todas as suas necessidades de mulher. No entanto, ela insistia em dizer que o pai foi a pessoa mais importante de sua vida. A morte da mãe não representou quase nada perto do imenso vazio que a morte do progenitor havia lhe provocado.

É claro que não podemos mensurar sentimento, tampouco cabe julgamento, mas, na oportunidade de ouvir Antônia, tive a intuição de que o sentimento que ela dedicou ao pai com o tempo deixou de ser amor, passou a ser um temor velado, pavor sob o disfarce de obediência. O amor inicial, fruto natural entre pai e filha, foi aos poucos sendo substituído por um medo de desagradar, de decepcionar aquele que para ela olhava sem nunca enxergar a verdade que nela morria aos poucos.

O sentimento que os unia era posse. A filha nunca foi enxergada pelo pai como *outro eu*. Nela ele queria se desdobrar, como se uma só existência não lhe bastasse para trabalhar tudo o que ele pretendia, para realizar todos os projetos que almejava. Compreendia-a como uma parte de si, alguém que representava o depois de si, o lugar que estava sempre pronto para dar continuidade ao que ele iniciava, preparado para corresponder ao que ele desejava.

Antônia foi vítima de uma relação objetal, um acerto inconsciente em que uma das partes da relação passa a interpretar a outra como um objeto de sua satisfação. Na relação objetal, a violação do eu é uma consequência natural. Esse tipo de relação acontece mais do que imaginamos. Não é incomum encontrar pessoas assim, completamente distanciadas de suas essências, vivendo para satisfazer expectativas alheias, abraçando projetos que não contemplam suas dignidades. Tudo sob o disfarce do amor, da renúncia, da entrega.

Mas privar uma pessoa de ser quem é não é expressão de amor. Tampouco pode ser considerado um valor abrir mão da verdade pessoal, renunciar ao direito à autonomia, com o intuito de satisfazer a vontade dos que egoisticamente nos querem escravos. Não faz sentido, em nome do amor, vivermos a renúncia de ser quem somos.

Tudo indica que a dependência de Antônia com seu pai teve início na primeira infância. Por ter tido uma mãe ausente, no pai ela encontrou o apoio de que tanto necessitava para se sentir segura. Como dizíamos ao longo deste livro, nascemos vulneráveis. A primeira experiência que fazemos de nós mesmos é de total dependência dos outros. É bem provável que Antônia tenha estabelecido com o pai um vínculo mais estreito do que com a mãe.

Ela me confidenciou que ele sempre foi muito presente em sua vida. Apesar de ser um homem rude, gostava de tê-la ao colo, quando pequena. Orgulhava-se em contar à filha que era ele quem levantava de madrugada para dar mamadeiras, acalentar o choro.

A indigência na primeira infância deixa marcas definitivas em nós. Tão logo identificamos os responsáveis pela nossa manutenção, estabelecemos com eles um vínculo estreito e determinante. No outro encontramos a satisfação de nossas necessidades. Na cabeça de uma criança, que ainda não dispõe de maturidade afetiva para compreender os aspectos positivos dessa dependência, qualquer movimento que possa ser desaprovado e que pareça ameaçar o vínculo vai provocar sofrimento e ansiedade. Certamente Antônia não conseguiu superar o perigo da desaprovação, por isso se submeteu aos cuidados exacerbados do pai, permitiu que a intensidade temporária do afeto, fato normativo na vida dos que se amam, se estabelecesse como algo definitivo em sua personalidade.

Veja bem, o amor não consiste em aprisionar o outro nos desdobramentos de sua vulnerabilidade. Acolher e cuidar da vulnerabilidade, sim, mas não é justo compreender o amor como oportunidade de instrumentalizar a fragilidade alheia como mecanismos de fazer prevalecer vontades, expectativas.

O amor de um pai por uma filha não pode lhe autorizar ditar a ela o modo como deverá viver. Uma coisa é exercer a autoridade sobre filhos nas fases em que eles não são capazes de escolher por si mesmos. É a fase do amor protetor, que ajuda a esclarecer, orientar, fornecer elementos para facilitar escolhas. Essa conduta é absolutamente responsável. Deixar que os filhos façam escolhas, sem que ainda estejam sob o comando da maturidade, é um crime contra eles. Outra coisa é estender no tempo um modelo de autoridade que desrespeite o nascimento da autonomia, incapacitando filhos de se tornarem capazes de assumir o comando de suas histórias.

Antônia foi vítima desse erro. Sua essência não foi partejada ao longo da vida. Aqueles que poderiam ser parteiros de sua verdade não o foram. Sozinha em seu mundo, ela não descobriu formas de romper com as forças que a condicionaram a ser a personagem que o pai ajudara a criar, e que ela aceitou como sua versão principal. A proteção excessiva de seu pai, que claramente funcionou como desproteção, colocou sérios obstáculos ao florescimento de seu eu pessoal.

Antônia estava diante de mim como uma criança medrosa que parecia contrariar o pai por me contar tudo aquilo. Ela tinha lido o meu livro *Quem me roubou de mim?*, que a fez ver o quanto havia sido vítima de si e de seu pai. Viajou uma longa distância, porque queria me narrar sua história. Talvez achasse que eu pudesse dizer algo novo ao que já sabia de si mesma. Ou talvez acreditasse que eu fosse capaz de puxar o fio condutor daquele emaranhado de acontecimentos, e a eles concedesse reencontrar uma ordem.

Antônia tinha muito sofrimento dentro de si. Anos e anos acumulados no estreito dos olhos. Uma vida inteira precisando caber naquelas mãos calejadas, no estreito dos olhos sem brilho. Um misto de amor e ódio por um homem que nunca lhe permitiu ser quem ela podia ser. O antagonismo dos sentimentos provocando o mal-estar que ela já não suportava mais hospedar.

Depois de mais de duas horas de conversa, ela se despediu de mim. Agradeceu por ter aceitado recebê-la. Eu agradeci também, por ter sido escolhido ser o portador de sua tão preciosa história.

Ela prometeu que me daria notícias. Deixou-me um número de telefone. Disse que era de sua casa. Naquela época os celulares não eram tão comuns. Um mês depois eu liguei, mas ninguém atendeu. Insisti alguns dias, sem resultado. Um tempo depois eu recebi um e-mail de uma pessoa que se dizia amiga de Antônia. O relato me fez chorar. Ela tinha colocado um fim à sua vida.

Sem bilhetes, sem cartas, sem nenhum recado, Antônia se despediu de si. A pessoa foi breve. Apenas se limitou a dizer que ela sabia que Antônia tinha estado comigo, e que achou importante me comunicar. Fui invadido por uma dor sem fim. Recordei-me daquela manhã em que a recebi. Recordei-me de seu olhar triste, de suas mãos calejadas, de seu rosto vincado de rugas, de seu aspecto envelhecido, fruto da dor de não ter sido ela.

Costumo ficar muito tocado sempre que encontro alguém que tenha vivido uma história de sofrimento. Com Antônia não tinha sido diferente. O tempo que passei em sua presença, as frações ínfimas de minha história em que pude ser só dela, permitiram-me recebê-la no mais profundo do meu coração. Num curto espaço de tempo, Antônia varou as portas da minha vida e se hospedou em mim. Neste momento, em que revisito a dor que a sua morte me causou, recordo-me dos versos de "Vieste", a bonita canção de Ivan Lins e Vítor Martins: "Vieste com a cara e a coragem, com malas, viagens, pra dentro de mim, meu amor!".

Sim, não precisamos de muito tempo para amar alguém. Eu amei Antônia. Fui arrebatado pelo imenso desejo de ser amigo dela, de oferecer minha companhia, meu amor, meu carinho, minha escuta. Queria despertar nela o desejo de merecer, arrancar de sua mente a convicção de que ela não merecia trilhar um caminho feliz. Queria ter Antônia por perto, ajudá-la a construir um conforto existencial, o prazer de morar em sua pele. Queria que ela vivesse um processo terapêutico eficaz, que soprasse entendimento sobre os espaços turvos de seu passado. Queria que aprendesse a fluência que nos ajuda a dizer o que nos pesa, que expulsasse de si o demônio da mudez, que curasse as chagas da rejeição, da insegurança, do medo, da solidão.

Mas nada disso aconteceu. Talvez ela já tenha me procurado com a decisão tomada. Talvez tenha me interpretado como uma última chave no imenso molho que carregava consigo. Antônia se enforcou no curral, lugar onde boa parte de sua essência foi cruelmente roubada. Morreu sozinha, entre os animais. Eu imagino a angústia das horas que antecederam o fato. Seus olhos azuis, opacos, distantes, perpassando o local e os instrumentos do ritual. Vejo suas mãos sofridas, calejadas, preparando a corda. O sufoco de uma vida inteira seria resolvido com um sufoco final.

Eu queria ter estado ali. Reivindicaria o direito de uma última palavra, qualquer coisa que a demovesse de sua decisão. Queria pedir que ela não desistisse, que ela tentasse, mais uma vez. Queria contar que eu também já pensei em fazer o mesmo, que a vida ainda continua sendo um desafio para mim. Queria contar a ela a minha última descoberta. Eu olharia em seus olhos e gritaria a verdade que hoje tem conduzido o meu coração: "Antônia, minha amiga querida, o vazio também é Deus!".

A atribuição de responsabilidades

Em nenhum momento, eu ouvi Antônia atribuir culpa ao pai. Sua vida desperdiçada estava passada a limpo. Por mais que estivesse perdida em si mesma, ela era capaz de eximir o pai do crime cometido. Em determinado momento, falou-me com muita lucidez: "O meu pai não foi o culpado, ele só foi o responsável pela vida errada que eu vivi. Foi ouvindo o senhor que eu entendi isso!".

É uma distinção sutil e libertadora. Culpa é diferente de responsabilidade. São pesos distintos.

Antônia resolveu assumir a parte que lhe cabia naquela vida marcada pela violação de sua verdade essencial. Ela era capaz de reconhecer sua parcela de responsabilidade pelo tratamento que recebeu do pai. Não cabe julgamento. O interessante é que Antônia resolveu reconciliar-se com o passado. "Por que não reagiu, tão logo se tornou consciente de que se tratava de um relacionamento abusivo?", perguntei. "Porque eu havia escolhido não contrariá-lo!", ela respondeu.

De acordo com o seu relato, a consciência se iluminou durante a crise normativa da adolescência. Foi quando ela sacudiu a poeira da infância e deixou cair o determinismo que a inocência lhe privava de compreender.

Naquele momento, Antônia entendeu que estava deixando de ser ela mesma para desempenhar o papel que o pai havia escolhido para ela. Um *eu* que não era *seu*, e que se sobrepunha a tudo o que era genuíno nela. Se antes daquele momento ela se submetia sem escolha, pois não era capaz de refletir por si mesma, a partir daquele dia ela se sentiu também responsável pela violação que continuou vivendo.

Houve um fato que se tornou referencial daquela tomada de consciência. Foi quando pintou as unhas para parecer mais feminina e recebeu o deboche do pai. Com um agravante, fez questão de expô-la aos funcionários da fazenda, tornando-a motivo de chacota para todos. Doeu dobrado. As unhas pintadas estavam a serviço de um comunicado tímido, mas essencial: "Pai, eu estou me descobrindo menina". Mas o pai não teve sensibilidade para fazer a leitura do que Antônia queria comunicar. Unhas pintadas são metáforas de tantas outras coisas. Elas sinalizam para um desabrochar normativo, processo inicial de um tempo em que os específicos de cada condição pedem alforria, ventre para nascer de novo, seara na qual possamos deitar as sementes do que somos.

Das unhas pintadas aos sapatos de salto, aos brincos, à troca dos laços de fita pelos penteados que se sobrepõem à infância. O desabrochar de Antônia não foi permitido. Ao primeiro sinal de sua primavera existencial, o pai lhe impôs os ventos frios do outono.

Ele ridicularizou aquela iniciativa. Foi a partir desse fato que ela identificou que não sabia viver sem a aprovação daquele homem. Sofreu terrivelmente num primeiro momento, mas depois resolveu colocar perdas e ganhos na balança. E, então, achou que ganhava mais do que perdia. Apenas após a morte do pai é que identificou a responsabilidade pelo erro matemático cometido.

O ventre ressequido, a definitiva impossibilidade de ter um filho, a incapacidade de sorrir a um homem, de despertar-lhe o desejo, tudo isso lhe atestava o erro. O tempo estava à porta com a fatura nas mãos. E o preço que ele cobrava estava acima de suas condições. Antônia reconheceu-se como um fracasso. A vida de erros lhe impôs acreditar ser a pessoa errada. Cresceu à sombra de outrem, não recebeu os incentivos externos que possibilitam à semente explodir em suas possibilidades.

O tempo é implacável. E com Antônia não foi diferente. As circunstâncias não lhe favoreceram o florescimento do seu *eu*. Semente certa, mas no lugar errado. Acontece. Nem sempre o cultivo favorece as possibilidades da fonte original; e, então, ela se limita a crescer bem abaixo do que poderia. As realidades que nos circundam são muito importantes na elaboração do eu que podemos ser. Não determinam, pois as limitações também podem motivar o teimoso empenho. Exemplo disso são as vinhas que crescem na região do Douro,[41] em Portugal. O terreno pedregoso faz com que elas aprofundem suas raízes com o intuito de encontrar a água para sua sobrevivência. O resultado é uma uva extremamente qualificada.

---

41. O Douro é uma sub-região estatística portuguesa onde há uma extensa e preciosa produção de vinhos.

Conosco não é diferente. Conheço pessoas que descobriram a realização humana através das dificuldades enfrentadas. É claro que nem sempre a resistência é possível. Tudo depende da capacidade de resiliência de cada um. Há aqueles que aprendem desde muito cedo a viver a resistência de não abrir mão de serem quem são. Resistem com bravura aos saqueadores da identidade, aos que irresponsavelmente querem negligenciar o irrevogável direito à diferença.

O outro não é uma extensão minha. Esse aprendizado precisa ser internalizado e recordado todos os dias. Não tenho o direito de depositar sobre ninguém as projeções e frustrações que dizem respeito a mim. Cometemos muito esse erro com os filhos que trazemos ao mundo. Ninguém está livre de fazer com os filhos o que o pai de Antônia fez com ela.

Filhos não são continuidade de pais, apesar de muitos os compreenderem assim. É muito comum encontrar progenitores colocando sobre suas crias a responsabilidade de realizarem por eles o que não conseguiram realizar. Mães que gostariam de ter sido médicas impondo o desejo à filha, que, contrariando todas as expectativas, descobriu aptidão para ser advogada. Pai que insiste que o filho seja um artista, ainda que ele não apresente um só traço de talento para desempenhar tal ofício. Pais e mães que construíram grandes empresas, impérios que precisam ser herdados, ainda que os herdeiros não se identifiquem com o que sonharam e construíram. Uma distinção sutil, difícil, mas necessária: os filhos não são sinônimos de herdeiros de ideais. Podem até herdar o que materialmente foi construído, mas a idealidade não se passa pelas vias do sangue.

Antônia foi vítima do egoísmo velado de seu pai. Pode ser que ele nunca tenha sido consciente do erro que cometeu, mas foi o primeiro responsável pelo insucesso da filha. Num momento em que era completamente incapaz de decidir por ser si mesma, ele não o fez por ela.

Como dissemos antes, não se trata de atribuir culpas, e sim responsabilidades. O quanto da decisão de Antônia pode ser atribuída ao seu pai? Podemos dizer que ele teve responsabilidade em sua decisão de desistir da vida? As suas mãos estavam também naquela corda?

Sabemos que são perguntas complexas, mas válidas. Um olhar mais profundo sobre a questão nos leva a pensar no quanto a interferência do outro sobre nós determina as nossas atitudes e escolhas ao longo de nossa trajetória.

Uma autoridade exercida de forma repressora tem consequências muito diretas na liberdade interior. É no cerne da liberdade que o autoritarismo costuma deixar suas maiores feridas.

Ao ferir, inibe-se no outro a prática da liberdade. É por isso que é sempre tão espinhoso avaliar o quanto uma pessoa foi livre para fazer o que fez. Liberdade é um conceito bonito, mas com desdobramentos muito misteriosos, nem sempre tão bonitos.

No exercício da liberdade interior costumamos contrariar muito os que dizem nos admirar e querer bem. Os livres interiormente não são escravizados pela necessidade de agradar. Eles agem de acordo com a convicção que neles foi gerada de forma livre e consciente. Dizem *não* sem receios quando sabem que é o mais sábio a ser dito, mas também dizem sim quando percebem o mesmo.

Contudo, quem não é livre não desfruta dos mesmos benefícios. Porque são inseguros emocionalmente, porque necessitam de excessiva aprovação dos outros, prejudicam-se dizendo sim, mesmo sabendo que deveriam dizer não.

Avaliar o quanto o outro é livre para fazer o que faz é muito difícil. Nem sempre temos acesso à engenharia de suas emoções. Não sabemos o quanto ele acumula de rejeições, traumas provocados por negligências no tempo da vulnerabilidade radical, medos que foram incutidos por situações que o expuseram à experiência do desamparo. O outro é um livro que não lemos na completude. Há páginas secretas a que nem ele mesmo pôde ter acesso. São páginas inconscientes, mas atuantes.

Na decisão de Antônia, houve liberdade? Quem construiu o nó da corda, quem determinou o ritual doloroso que a roubou de nós, quem posicionou o banquinho? As mãos mortas de seu pai estão invisivelmente emoldurando as suas? As culpas, os medos, as rejeições, as responsabilidades de seu pai sobre a menina frágil e delicada sepultada pela menina rude foram determinantes para que a cena da morte fosse construída? Não ousamos dizer, pois honestamente não sabemos.

O que sabemos é que uma criança passa boa parte de sua infância dependente da aprovação dos que compõem a sua ambiência afetiva. Tutorear criança em seus processos de autoconhecimento é uma responsabilidade extremamente exigente. Requer preparo humano no exercício dessa tutoria. Nem sempre temos. Não há uma faculdade que nos ensine a amar e cuidar de uma criança como ela merece e precisa ser amada. Amor que equilibra permissão e limite, sugestão e imposição, amor que permita a manifestação da alteridade.

Amamos e cuidamos por instinto. Resposta rápida que não costuma ser quarada pelo sol da razão. Uma vida só pode ser bem vivida quando refletida. Sem reflexão, a nossa conduta será sempre prisioneira dos costumes que nos escravizam, dos processos inconscientes que nos condicionam.

Pais que não desfrutaram de uma criação que prezou pelo florescimento pessoal tenderão a repetir o mesmo com os filhos. É lastimável essa conclusão. Por não termos o hábito de refletir sobre o exercício de nossa paternidade, que geralmente julgamos ser amorosa, sondando e criticando nossas condutas, tornamo-nos reprodutores de um círculo vicioso em que os escravizados de ontem passam a ser os escravizadores de hoje.

É claro que há exceção. Existem pessoas que modificam nos filhos os erros que perceberam na educação que receberam, só que nem sempre essa justiça é aplicada. A superficialidade com que vivemos não costuma favorecer essa superação. É mais fácil identificar a manutenção do erro do que sua supressão. Erraram conosco, somos conscientes do mal que nos causaram, mas continuamos a praticar os mesmos erros com os que passarão pelos nossos cuidados.

Faz parte de nosso estatuto humano: nenhuma mudança comportamental é alcançada sem labor. Requer labuta pessoal para alcançar a nobreza que nos desobriga da revanche. E nem sempre há disposição para o trabalho com a mudança. É mais fácil repetir o comportamento que reproduz, inconscientemente, a mentalidade dos que erraram conosco. A vida na mediocridade é sempre cíclica. É como se uma força nos arrastasse ao eterno retorno, às atitudes que um dia provocaram profundos estragos em nossa identidade pessoal.

O egoísmo nos priva da liberdade de agir diferente. Quando estamos sob os comandos de nosso ser indiviso, individualista, egótico, ficamos cegos para perceber os crimes que cometemos, reassumimos a nossa vulnerabilidade original, injetamos sangue nas veias de nossas inseguranças, inflamos o ser necessitado que não sabe ver o mundo para além de seu umbigo. Estando assim, tornamo-nos uma ameaça aos que ficarem sob a nossa autoridade. Seremos um desastre afetivo, prontos a promover outros desastres.

A cultura da negação do eu

Há um fato inegável quando fazemos uma análise da sociedade pós-moderna: estamos cada vez mais dispersos e superficiais. Embora tenhamos muito mais acesso a informação, mostramo-nos cada vez mais incipientes no conhecimento das realidades que nos envolvem. É um fenômeno novo e ainda não sabemos precisar o quanto ele tem repercutido na experiência do autoconhecimento, processo indispensável aos que querem desfrutar de mais liberdade interior. O fato é que autoconhecimento não combina com os formatos superficiais que as sociedades humanas estão assumindo como estilo de vida.

A supressão da ritualidade é um dos fatores que reforçam essa superficialização. Estamos cada vez menos rituais. Melhor dizendo, estamos indispostos aos ritos. O motivo é um só. Vivemos radicados nas exigências mentirosas da pressa. Perdemos a capacidade de distinguir o essencial do acidental, o urgente do que pode esperar. Estamos perturbados em relação ao significado e às imposições do tempo. Essa perturbação interfere diretamente nas escolhas que fazemos e também na maneira como escolhemos estar com os outros.

Sentadas à mesa, algumas pessoas partilham do mesmo almoço. São muitas e estão agrupadas numa mesa. No entanto, não estão congregadas, apenas reunidas. Cada uma delas tem nas mãos um aparelho que as conecta com uma infinidade de outras pessoas. Quantas pessoas estão naquela mesa? Muitas. Um número incontável. Algumas poucas são reais, uma infinidade de outras são virtuais, porém, ao mesmo tempo, a mesa nos parece vazia.

A materialidade do que podemos enxergar se opõe ao oco do que podemos sentir. Contudo, os envolvidos estão perfeitamente adaptados ao oco. Talvez nem saibam problematizar a questão. Sabemos, por experiência, que o costume nos cega para o que ele representa. Mas todas as pessoas são conscientes de que estão protagonizando um encontro que não favorece encontrar. E não chegam a refletir sobre a situação que as envolve, porque já estão adaptadas a ela. Uma ou outra piada sobre o fato, sim, acontece frequentemente. Entretanto, a piada se presta a sustentar um falso conflito, pois não chega a promover a mudança. Ela não efetiva a retirada dos aparelhos para que a convivência seja possível. E, então, continua-se a fingir uma convivência. Falam algumas frases, olham-se de vez em quando, tiram fotos, comentam frivolidades, partilham as fotografias, postam em suas redes sociais, fazem transmissões ao vivo para que os seguidores saibam o que elas estão vivendo. Conhecemos bem essa rotina. À mesa, as pessoas cumprem superficialmente o compromisso do almoço, mas são sempre arrebatadas pelo aparelho que as coloca em outras mesas, em outros lugares, com outras pessoas que também protagonizam uma cena igual à que acabamos de descrever.

Vivemos, diariamente, conduzidos por uma lógica bastante difícil de ser compreendida: quando estamos próximos, falamos com os que estão distantes; quando estamos distantes, falamos com os que antes estavam próximos. Nunca estamos onde estamos, com quem estamos.

Estamos modificados. A estrutura social é diferente daquela de trinta anos atrás. A grande mudança é a nossa relação com o tempo. O advento da comunicação e a pressa com que nos conectamos a outros mundos transformaram radicalmente o nosso jeito de compreender e articular o tempo. A cena que citamos do almoço é a fenomenologia da teoria que aqui refletimos. As pessoas em questão reproduzem, conscientes ou não, uma nova regra social, que pouco ou quase nada favorece o desenvolvimento maduro da personalidade.

Nessa nova regra, o ritual do encontro, que antes era possível quando estávamos à mesa, está fragilizado. Estar com alguém não é garantia de que estejamos acompanhados. As tecnologias da comunicação nos dão a facilidade de bater em debandada sempre que quisermos. E assim o fazemos. Sem escrúpulos, sem receios.

Veja bem, é claro que festejamos essas facilidades. Elas nos deram incontáveis benefícios. A nossa reflexão não pretende incorrer numa análise romântica da realidade, como se essa debandada não fosse possível pela própria força do pensamento, aquela que ocorre quando nos limitamos a estar de corpo presente num determinado lugar, mas com a alma vagando a milhões de quilômetros de distância, desfrutando da companhia de pessoas diferentes das que estão diante de nós. A fuga da realidade pertence à nossa capacidade de transcendência e é um valor irrenunciável. Estamos falando é da superficialização social que o comportamento gerado por essas novas tecnologias evidencia.

Isso é apenas a ponta do iceberg. Há muito o que refletir sobre os fatores que desencadearam o nosso *novo e estranho jeito de viver*. Para ajudar a pensar essa novidade que nos envolve, retomaremos superficialmente um marco histórico que consideramos importante para as mudanças antropológicas que foram iniciadas no século passado e que já mencionamos: a Revolução Industrial. Ela afetou em definitivo as sociedades humanas quando o modo de produção artesanal cedeu lugar à facilidade da produção em série.

Iniciamos ali uma profunda transformação na nossa relação com o mundo. O trabalho que antes recrutava do humano suas habilidades criativas de repente foi substituído pela repetição automática das máquinas. Ficamos maravilhados com a novidade, mas não tínhamos ideia das consequências desastrosas que ela nos deixaria com o passar do tempo.

Um aspecto a ser considerado é a robotização do ser humano nos grandes centros de produção. Imagine uma pessoa que tem como única responsabilidade colocar uma peça na esteira para que ela seja acoplada à estrutura de um motor. Ela passa oito horas repetindo o mesmo gesto. Sua função não lhe pede criatividade; só precisa colocar a peça na esteira. Pense em milhões e milhões de pessoas que vivem todos os dias a rotina de um trabalho repetitivo que nunca exige desafios e construções de soluções. Qual é a consequência dessa repetição na mente de alguém? A neurociência já sabe dizer muita coisa, mas não cabe mencionar aqui, deixando a pesquisa para outra ocasião. Contudo, podemos intuir. Esse modelo de trabalho inibe o surgimento de muita mente criativa, pois se trata de um aprisionamento que condiciona a obtenção de respostas automáticas. A esteira não para, o movimento é contínuo, a mente vai respondendo ao estímulo. São horas e horas de respostas que não exigem reflexão, criatividade. É inegável que essa rotina gere mentes cansadas, vulneráveis a distúrbios psíquicos e emocionais.

Outro aspecto: com a produção em série, nasceu a extrema necessidade de consumo. As bases capitalistas, que cada vez mais determinam nossa vida, estabeleceram-se como geradoras de uma nova antropologia, mergulhando o ser humano num contexto de dependência material, movendo-o constantemente como peça de manutenção de um sistema que é mantido por um consumo desenfreado e irreflexo.

A serviço desse sistema está o marketing. É ele o grande responsável por criar em nós a ilusão da necessidade. Mediante campanhas pensadas para promover nossa adesão às marcas, aos novos produtos, o marketing tornou-se o ponto nevrálgico da sociedade de consumo. Estamos na era do som e da imagem. Em detrimento da palavra, fonte de reflexão e realidade, imagens e sons se prestam à construção das ilusões que nos arrebatam e nos tornam mantenedores do consumismo que gera a vida capital.

No meio desse turbilhão, estamos nós, cada um a seu modo, intensidade e possibilidade, participando dessa grande teia de consumo. No entanto, não é problema ter acesso aos bens materiais. Desde que o mundo é mundo o ser humano descobriu na matéria uma complementaridade à existência. Os bens materiais tornam nossa vida melhor, qualificam nosso dia a dia, geram bem-estar. A questão é outra. O que refletimos é a supressão de nossa liberdade diante das eternas "novidades necessárias" ao dinamismo do capitalismo, a nossa crescente indisposição às questões humanas, aos conflitos que não podem ser resolvidos com nosso cartão de crédito.

Estamos cada vez mais enclausurados pelas regras de consumo. Compramos sem refletir a necessidade do que compramos. Compramos simplesmente para substituir um produto que ainda nos serve por um novo. Compramos porque precisamos demonstrar que estamos atualizados, que não estamos fora de moda, que não ficamos à margem do desenvolvimento. Compramos porque alguém rodou a roleta do estímulo e nós, excessivamente regidos pelo esquema "estímulo-resposta", correspondemos.

Mas o que tem a ver o excessivo consumo com o movimento que nos priva de sondar com mais destreza as estruturas do eu? Intuímos que muito. Com o advento das sociedades marcadas pela necessidade de consumo, fomos naturalmente construindo uma nova e assustadora relação com as nossas necessidades espirituais. Veja bem, não estamos falando de religião. Vida espiritual até os ateus podem e precisam ter.

A vida espiritual é o sopro que vivifica a carne, o sentido que derramamos sobre a matéria, a aura que sobre ela se coloca, para que coisas sejam mais que coisas. Sim, até para saber desfrutar a vida material é preciso ser espiritualizado. Caso contrário, não teremos acesso ao bom efeito que as coisas podem ter em nós. Ficaremos limitados ao peso que delas decorrem. É como ter uma casa. Todos nós sabemos o trabalho que é mantê-la. São inúmeras manutenções e reparos. O trabalho que uma casa nos dá só se justifica quando identificamos que ela não se limita a ser um aglomerado de paredes. Sim, quando ela tem um significado emocional, com o tempo deixa de ser apenas casa e torna-se um lar. Ultrapassa o limite de ser mera edificação material e passa a ser um sentimento que nos ocorre toda vez que dela nos recordamos ou adentramos suas portas.

Não é sem motivo que as grandes religiões monoteístas nasceram na intimidade das casas. Os rituais que celebramos com a participação de grandes públicos originaram-se no recanto familiar, quando pais e filhos, reunidos em torno da mesa, celebravam a memória dos acontecimentos que marcaram a história de seus antepassados. A refeição, por exemplo, sempre representou dentro do contexto religioso um acontecimento sagrado, espiritual. Ele era essencialmente um rito de conhecimento das origens. Contava-se aos filhos as histórias que fizeram aquela família ser quem é. O rito fazia memória do passado, mas também atualizava o momento presente. O alimento era companheiro da palavra. A prosa ao redor da mesa se configurava como uma experiência de autoconhecimento. É certo que hoje estamos cada vez mais distantes dessa compreensão. Dissemos anteriormente: a perda da ritualidade está nos privando do desfrute espiritual da rotina frutuosa da vida.

Pois bem, quando falamos de vida espiritual, nos referimos ao sustento que experimentamos quando nos oferecemos realidades que repercutem no mais profundo de nós. Espiritualidade é tudo o que sopra alma no nosso corpo. O conceito de alma é sugestivo. No entanto, não vamos nos ater às muitas especulações filosóficas e teológicas que dele podemos fazer. Vamos nos limitar a um aspecto. Alma, do latim, *animu*, o que anima. Uma compreensão simples que não incorre no simplismo. A alma abarca nossos pensamentos e nossas emoções. Vida espiritual é a rotina que alimenta a alma por meio da razão e da sensibilidade. É a soma das realidades que animam, sopram sentido sobre a existência humana, despertando sua dimensão espiritual.

O materialismo não é capaz de suprir todas as nossas necessidades. Há um momento em que a alma grita suas exigências. E é no corpo que ouvimos o grito. Veja bem, abrimos aqui um parêntese para explicar essa linguagem aparentemente dualista. Nosso ponto de partida é a antropologia cristã. Embora separemos didaticamente *corpo e alma*, com o objetivo de compreender melhor suas diferenças e atribuições, acreditamos na unidade do ser humano. Somos corpo *e* alma. São realidades distintas, mas arregimentadas pela unidade.

Nosso corpo pede alma. Essa expressão poética está presente na música "Paciência", de Lenine[42] e Dudu Falcão:[43]

---

42. Nascido em Recife, no estado de Pernambuco, em 1959, Osvaldo Lenine Macedo Pimentel, mais conhecido como Lenine, é um engenheiro químico, compositor, cantor e arranjador. Lenine é um dos grandes nomes da música popular brasileira.
43. Nascido em Recife, Pernambuco, em 1961, Carlos Eduardo Carneiro de Albuquerque Falcão é um músico multi-instrumentista, cantor e compositor com importante destaque na música popular brasileira.

"Mesmo quando tudo pede um pouco mais de calma, até quando o corpo pede um pouco mais de alma".

É uma metáfora belíssima. E verdadeira. Nós a compreendemos porque experimentamos do seu desdobramento prático em nossa vida. Há realidades humanas que são capazes de soprar alma em nosso corpo. Elas pertencem ao contexto da sensibilidade. Quando estamos diante de um texto tocado pela sensibilidade, estruturado sobre o compromisso de aguçar a alma humana, sentimos o fluir das palavras agindo sobre nossa mente. É como se estivéssemos arejando a mente, abrindo as janelas de nosso entendimento, recebendo um sopro espiritual proporcionado pelas palavras. A literatura – seja ela ficcional, seja factual –, desde que esteja estruturada sob o compromisso de ser uma fonte de beleza e conhecimento, será sempre um lugar privilegiado de alimento para a alma.

O mesmo podemos dizer das outras artes. A beleza alimenta a alma. A música, a pintura, a escultura, o teatro, o cinema, todos os campos em que a natureza delicada do belo se manifesta por excelência são fontes inesgotáveis ao espírito humano.

Não é sem motivo que as religiões oferecem à arte o cerne de suas tradições. Basta observar as grandes catedrais, as principais mesquitas, as sinagogas, os templos budistas, hinduístas, pagãos. A suntuosidade dos espaços reservados à vida espiritual, além de ressaltar a grandeza divina, pretende facilitar a transcendência, isto é, a experiência humana de extrapolar os limites da matéria, de romper com as prisões da carne, das estruturas racionais que nem sempre comportam a poética, limitando a realidade à sua dimensão mais dura.

O conjunto das edificações religiosas é construído com a finalidade de sensibilizar a alma dos fiéis. Paredes, altares, textos sacros, imagens, músicas, pinturas, esculturas, vestes, toda a liturgia ritual é construída para mover a mente humana na direção da transcendência.

A linguagem religiosa é essencialmente simbólica, isto é, parte de uma realidade humana e busca sensibilizar a alma humana para que toque e experimente a sua imortalidade. O símbolo é uma ponte que nos facilita a travessia: do material ao imaterial.

Mas é muito interessante perceber o cotidiano como um lugar em que essa sensibilização também precisa acontecer. A prática de alimentar a alma não deveria ser restrita aos espaços religiosos. Embora as religiões tenham se apropriado desse ofício, tudo o que está tocado pela beleza, pela justiça, pela bondade e pela verdade torna-se um espaço favorável a esse banquete espiritual.

Neste ponto, estabelecemos uma relação com o assunto anteriormente tratado. Subjugados às exigências do movimento capitalista, acostumados ao contexto da matéria ocupando sempre o primeiro lugar de nossas preocupações e empenhos, a vida espiritual quase não encontra espaço para ser cultivada. Embora as necessidades espirituais sejam extremamente atuantes na vida humana, até mesmo para os ateus, conforme já ressaltamos, a rotina de nossos dias pouco abre espaço para que elas sejam atendidas.

Somos carentes de banquetes espirituais. Faltam-nos lugares, pessoas, oportunidades para quarar nossa alma, saciar nossa sede de eternidade. Consequentemente, não intensificamos o aperfeiçoamento humano que advém da prática espiritual.

Nosso cotidiano é muito duro. Quase não abrimos brechas para oferecer ao corpo um pouco mais de alma. Estamos habituados à dureza das estruturas mundanas, à violência que nos cerca, aos sofrimentos que nos envolvem. A rotina que nos envolve é árida, quase nunca nos permite as abluções que nos perdoam, purificam. Falta-nos catarse, ritual que nos cura dos excessos. Somos pouco estimulados à reflexão, sugados pelas urgências que nos desacostumam de viver de forma reflexiva.

A rotina que não passa pelo crivo da reflexão nos causa um grande prejuízo. Ficamos indispostos ao enfrentamento que poderia nos ajudar a administrar e superar os males que nos abatem. Vamos pelo caminho mais fácil. Optamos pelo entretenimento que nos priva de pensar soluções. Buscamos e escolhemos situações que nos entorpeçam e nos façam esquecer, ainda que temporariamente, a problemática que nos diz respeito.

Estamos estranhos a nós mesmos. Materializados demais, espiritualizados de menos. Deixamos de desenvolver a habilidade de identificar a natureza das fomes que sentimos. Sim, por vezes a fome é física. Precisamos de nutrientes que encontramos no reino mineral, vegetal e animal. O corpo pede alimento, descanso, exames, tratamentos. Em outras vezes, a fome é espiritual. Precisamos de arte, oração, meditação, reflexão. No entanto, por estarmos inaptos à identificação da diferença, e por sermos naturalmente engolidos pelos apelos do mundo material, fazemos o caminho mais fácil, o que já conhecemos de cor, porque nele deixamos nossos rastros diariamente. E, então, não é incomum sairmos para comprar um par de sapatos quando na verdade estávamos necessitados era de uma boa conversa, de uma convivência que pudesse soprar alma sobre os cansaços do nosso corpo.

Não é sempre que somos capazes de ouvir nossas reais necessidades. Estamos inseridos no remanso de um movimento social que desfavorece a reflexão, a conversa frutuosa, a abordagem de problemas e os desconfortos que são próprios da existência. Vivemos a era do entretenimento, da busca desenfreada por situações que nos favoreçam o esquecimento dos conflitos existenciais que nos são inerentes.

O mundo passa por um empobrecimento cultural. Estamos presenciando o estrangulamento da sensibilidade artística, a prevalência da ignorância, do desconhecimento, da superficialidade. E nós reproduzimos a superficialidade do mundo nas pequenas coisas. Lemos cada vez menos e, quando lemos, optamos pela leitura fácil, pelo texto curto, simplório, que não nos incomodará com palavras desconhecidas, nem nos exigirá empenho intelectual para compreendê-lo. Somos a geração dos resumos, dos discursos breves, simplificados, da indisposição à complexidade, porque é naturalmente exigente.

Estamos apressados, sempre apressados. A tudo nós aceleramos. As redes sociais estão nos condicionando e condenando à brevidade. Ouvimos os áudios que nos enviam em velocidade máxima. Argumentamos que as pessoas são lentas, prolixas. Explicar com detalhe, característica que no passado nos soava virtuosa, pois denota um entendimento comprometido, agora é considerado defeito. Não escutamos mais a música inteira. Músicas de que gostamos. Ouvimos uma parte e já pulamos para outra. A ansiedade está no comando. Perdemos a capacidade de colocar a mente em estado de quietude, desaprendemos a mística do silêncio. Estamos cada vez mais indispostos aos rituais que nos humanizam, que nos equalizam, equilibram.

Reproduzimos, diariamente, sob o custo de um prejuízo que ainda não podemos calcular, a cultura da negação do *eu*. Sim, quando falamos de florescimento do eu, estamos nos referindo a uma trama de elementos materiais e espirituais. O *vir-a-ser*, isto é, o movimento processual que nos leva a *ser* o que em potencial já *somos*, não é outra coisa senão animar, soprar espírito sobre a semente que somos, despertando-a para o crescimento e para a vida frutuosa.

As sementes dos *eus que já somos*, mas que precisam ser colocadas na dinâmica do *vir-a-ser*, estão lançadas em terrenos superficiais. Estamos inevitavelmente estabelecidos numa estrutura de mundo que não contribui para o nosso florescimento. O solo que nos sustenta é árido. As poucas chuvas que caem sobre ele não conseguem regar-nos o suficiente. E quem se adapta à infertilidade desse solo, quem não faz os esforços para se mover na direção de outro território, morre sem se proporcionar a mais bela das dádivas: saber quem é.

Os eus impostos e as religiões

Antônia não suportou o peso do passado. Sucumbiu ao que de si não soube harmonizar. A desistência de Antônia entra para uma estatística assustadora. É cada vez maior o número de pessoas que se matam mundo afora. Nunca tive coragem de fazer um julgamento dos que desistem da vida. Eu também já pensei em desistir. Muitas vezes. É sempre no sombrio da solidão que essa terrível decisão é tomada, mas sabemos que ela não se estabelece da noite para o dia.

Os caminhos pelos quais andaram os suicidas são misteriosos. Nunca sabemos ao certo quando é que a morte começou a lançar sobre eles as suas teias. A decisão me parece processual, dia a dia, pouco a pouco. A coragem de enfrentar os desafios da existência vai sendo minada pela desesperança, até o momento em que se esgota o sentido da luta.

A morte de um suicida recai terrivelmente sobre os que ficam. A tragédia recai sobre todos. É inútil lutar contra as perguntas: "Ah, e se eu tivesse insistido?", ou: "E se eu tivesse procurado mais, telefonado para saber como estava?". São questões que brotam inevitavelmente aos que precisam sobreviver ao acontecimento trágico, mas são inférteis, pois em nada alteram o resultado final. A pessoa já desistiu. A pedra já está posta. Nenhuma interferência é possível. Não há nada que possamos fazer quando a vida resolver virar a página do instante.

É muito comum identificar nos motivos das desistências a involuntária negação do eu. Pessoas que não perceberam que, ao longo da vida, deixaram de alimentar seus sonhos, desejos, esperanças. Muitas vezes, quando se tornam conscientes, o peso da fatura já é impagável. O eu bem estruturado é o ponto de partida e o ponto de chegada. Quem orbita no horizonte de sua verdade enfrenta melhor as crises normativas e os acidentes da existência. Em última instância, por mais que tenhamos pessoas ao nosso lado, quem nos segura e impede a nossa desistência somos nós mesmos.

Mas também há os que desistem porque sabem quem são. Diferentemente dos que descobrem tardiamente a própria essência, existem aqueles que calculam que a vida que terão pela frente é longa o suficiente para suportarem o peso de serem quem são.

A aceitação de si é um processo que se torna ainda mais penoso quando a pessoa identifica que o que ela reconhece de si desagrada aos que vivem com ela. A homofobia ainda causa muito suicídio entre os adolescentes. É significativo o número de filhos que se matam por não conseguirem lidar com sua homossexualidade. Diante do medo de não serem aceitos por seus pais, optam por se eliminarem da trama.

Acompanhei, há pouco tempo, o caso de um adolescente que tirou a própria vida. Ao ser flagrado pela prima trocando mensagens com outro adolescente, teve sua homossexualidade exposta. Ele não recebeu o acolhimento nem do pai, nem da mãe. A vergonha foi tão insuportável para ele que dois dias depois ele se matou com a arma que o pai tinha em casa. Não cabe julgamento. Mães e filhos sabem o quanto é penoso lidar com as questões da sexualidade. Sempre que recebo pais em busca de um conselho sobre o assunto, faço questão de dizer: "Não transformem a sexualidade de seu filho num motivo de inimizade entre vocês".

É muito cruel reduzir uma pessoa à sua sexualidade. Não faz sentido rejeitar um filho só porque ele não correspondeu às suas expectativas. E, além do mais, mesmo que vocês não compreendam sua orientação sexual, o que também é direito de vocês, ele continua sendo filho. Nada deveria afastar vocês dessa determinação biológica, mas também emocional.

O sofrimento dos que são negados em suas essências é insondável. E não é sem motivo. Deve ser muito cruel conviver com a consciência de que você não se tornou quem poderia ser, ou ter de passar uma vida inteira sob a amargura de não ter tido coragem de fazer valer sua verdade pessoal. Trazer em si as consequências de uma infelicidade estrutural, pois está arraigada nos pilares principais da existência, é causa de um profundo e danoso sofrimento.

Muitas dessas negações acontecem por questões religiosas. Sim, a cultura ocidental é fortemente marcada pelas influências da moral cristã. Todos nós trazemos, em intensidades diferentes, suas marcas em nossas escolhas e decisões. Podemos dizer que herdamos, de maneira inconsciente, os costumes morais adotados por nossos ancestrais. É claro que com a chegada da maturidade nós até podemos renunciar o que identificamos contrário aos princípios assimilados ao longo da vida, mas é inegável que tenhamos em nós uma enorme carga moral cristã em nossos inconscientes. E isso pode ser bom ou não. Depende do quanto o que chegou até nós está verdadeiramente fundamentado em Jesus. Em seus ensinamentos não há uma só regra que seja contrária à realização do ser humano, mas, nos acréscimos feitos pelos desonestos que sempre fizeram plantão no mundo, sim. Há discursos que se dizem cristãos que são absolutamente opostos à proposta de Jesus.

Os que justificam o ódio aos excluídos, por serem minoria, são um exemplo disso. Os evangelhos nos mostram o contrário. Jesus fez questão de reunir os que ninguém queria por perto. Não teve escrúpulo em andar com os pecadores, em se hospedar em suas casas, em estabelecer com eles vínculos de amizade. Sempre que escuto líderes cristãos recrutando o puritanismo, convocando os cristãos a se distanciarem dos miseráveis, condenando-os aos encarceramentos sociais, aos sectarismos religiosos que Jesus tanto condenou, vejo o quanto ainda estamos distantes de compreender a proposta cristã.

Pois bem, muitas vidas são ceifadas por discursos religiosos que não favorecem a reconciliação com a fragilidade. Muitos eus são esmagados por discursos excludentes, cruéis, desumanos, que geram nos que escutam a triste convicção de que para eles não há lugar no mundo.

A espiritualidade é um caminho que a ninguém pode ser negado. Nenhum ser humano pode ser privado de viver uma experiência espiritual, pois somente ela nos ajuda a discernir o verdadeiro papel da religião em nossa vida. É por intermédio da espiritualidade que podemos adentrar o coração da verdade que nos liberta, inclusive das amarras desonestas das religiões.

É através da espiritualidade que desenvolvemos o senso crítico que nos permite distinguir o sagrado do caricato. Pelas vias da espiritualidade é que reinterpretamos o verdadeiro papel da mediação religiosa, instituição divina que se desdobra num atributo humano, e que passa por pessoas que têm fragilidades como todas as outras que são lideradas por elas.

A espiritualidade é tão necessária à vida quanto o organismo humano carece de nutrição. Sabemos que a fome do corpo nunca pode ser disfarçada. Restrinja o seu corpo físico dos alimentos que o mantêm vivo e, em pouco tempo, você terá reações evidenciando fisicamente a falta de energia no cérebro. Num curto espaço de tempo somos capazes de perder nutrientes, músculos e água. A morte física é uma consequência natural da restrição. Mas a alma, ela grita com a mesma pressa que o corpo?

Não, quando a restringimos dos alimentos responsáveis por sua vitalidade, os alarmes não nos chegam tão rapidamente. A falta de manutenção espiritual leva tempo para indicar falhas e carências. Por isso é tão difícil perceber o processo que mina a realização do eu. Temos um agravante. A civilização líquida, como tão bem percebeu Zygmunt Bauman, envolve-nos com uma pressa que naturalmente se coloca como um obstáculo à nossa autopercepção. Desaprendemos a andar os caminhos de dentro. Estamos cada vez menos perspicazes em perceber nossas necessidades interiores. Somos sempre estimulados e tragados pela exterioridade. Pouco percebemos as fomes e sedes da alma.

A rotina marcada pelos ruídos dificulta ouvir o que nossa verdade pessoal nos solicita. É por isso que só acordamos quando o extremo da irrealização se estabelece. Assim como Antônia, há muitas pessoas aceitando a alienação existencial de forma pacífica, a restrição que retira delas o direito de ser quem essencialmente são. São eus padecentes, agonizantes, cerceados por ambiências emocionais marcadas pelo egoísmo, pela falta de liberdade, pela falta de respeito e pela crueldade.

A decisão pela desistência cresce pelo mundo. Há muitas pessoas desistindo, porque não suportam o fardo de levar adiante as consequências nefastas de seus eus impostos. Chega o momento em que a infelicidade se sobrepõe à esperança.

Sendo assim, nasce o grito pelo direito de partir, de deixar de sentir a dor que tanto dói, interromper a aniquilação existencial que tanto gerou inadequação. Do turbilhão que desencadeia a decisão nasce atitude que concretiza o que pediu o grito.

Ninguém está livre de, em algum momento da vida, enfrentar esse desconforto. Cada um de nós, em proporções diferentes, é claro, já sofreu com as imposições dos que nos imaginaram. Todos nós já experimentamos na pele o olhar de reprovação, a palavra de repúdio, a atitude que tentou nos fazer desistir de nossa verdade, adequando-nos ao que esperavam de nós.

Não há receitas mágicas. Não há nada que possa nos livrar das armadilhas dos que nos idealizam. Só existe um caminho que nos possibilita viver em constante vigília: a reflexão. E ele não é fácil, pois exige nadar contra a correnteza do mundo líquido. As nossas estruturas sociais não facilitam as buscas que nos educam para as necessidades do espírito, e a busca pelo eu é espiritual.

A reflexão é o recurso que nos proporciona quebrar a cultura que nos nega o direito de saber quem somos. Quem não tem o hábito de problematizar a vida que vive pode facilmente se embrenhar por um caminho semelhante ao trilhado por Antônia, que, ao adaptar-se às expectativas do pai, abriu mão do cultivo de sua essência. Depois, num tempo em que já podia ser livre, ela desistiu de tentar, pois deve ter identificado que, embora o pai já estivesse morto e sepultado, ainda continuava vivo em si, habitando a sua consciência, sempre a lhe dar ordens, rejeitando suas iniciativas, assim como sempre o fez.

A imposição de *eus* que não correspondem ao *eu* que somos sempre acontecerá onde não houver a prática da vigília reflexiva. Por isso é tão fundamental passar regularmente as pessoas que fazem parte de nosso horizonte de sentido pelo crivo do discernimento esclarecedor.

Nossa vida é relacional. Muitos passam por nós, mas a estrutura de nossa existência é composta de um grupo seleto de pessoas. São elas que compõem o nosso horizonte de sentido, pois são elas que exercem influência diretamente sobre nós. A essa influência também chamamos de *autoridade afetiva*.

Sobre essa autoridade refletimos anteriormente, mas é sempre bom relembrá-la. A autoridade afetiva é quando os outros têm importância para nós. Suas opiniões, sua forma de pensar, sua forma de sentir se mostram como um referencial que escolhemos observar, pois estamos emocionalmente presos a eles.

Há autoridades afetivas que são construídas ao longo da vida. São vínculos que passaram pelo processo do tempo. Existem outras que são estabelecidas rapidamente, construídas pela paixão quando uma pessoa passa a obedecer ao que a outra sugere, porque está por ela apaixonada.

A paixão é a supressão temporária da lucidez. Por isso, muitas pessoas causam verdadeiros desastres em suas vidas pessoais, justamente porque se deixaram seduzir pela autoridade afetiva daquele que recém-chegou.

Como tão bem prescreveu Martin Buber, a realização humana só é possível a partir da vida comunitária. É na relação com o outro que o eu se realiza. É vendo e sendo visto que nós descobrimos a verdade que somos. No outro temos a oportunidade de afirmar e negar quem somos, pois é no encontro que o desvelamento do eu acontece.

É interessante refletir um pouco mais sobre esse sentimento que nos ocorre quando somos vistos pelos outros. Como já vimos, na primeira infância essa relação não é racional. Nossa vulnerabilidade é também biológica. Nosso despreparo para perceber e saber que somos percebidos é normativo. Nosso cérebro não está maduro o suficiente para passar a realidade que nos envolve no crivo da razão.

Com a ausência da capacidade racional nós ficamos sob os comandos de nossos instintos. No entanto, tão logo a nossa razão começa a perceber e decodificar as estruturas que nos cercam, passamos a viver com mais consciência a experiência de sermos olhados pelos outros. E, então, estaremos aptos a interpretar com mais liberdade o olhar recebido.

Mas o que pode um olhar provocar em nós? Muita coisa. Pode encorajar, e também pode fragilizar. Dependendo da autoridade que tem para nós, um olhar pode nos levar à vida, como também pode nos levar à morte. Não me refiro à morte biológica de Antônia, e sim à sua decisão trágica. A morte emocional que aconteceu ao longo da vida está intimamente ligada à morte do corpo. Antes da morte da matéria, porém, podemos sucumbir à decisão silenciosa de desistir do que podemos ser, tudo porque há um olhar que exige o contrário do que somos. Há pessoas que não se matam, mas vivem como mortas. O suicídio não se concretiza, contudo se estende de outra forma, exaurindo a pessoa dia a dia, esgotando o sentido da vida, drenando as alegrias, secando as esperanças.

Como já abordamos, a vulnerabilidade da primeira infância é o momento mais difícil para se estabelecer e manter a segurança do eu. Por não termos forças suficientes para relutar, por não termos os filtros que nos permitiriam separar a reprovação da incondicionalidade do amor, ficamos muito mais vulneráveis à submissão ao olhar dos que nos protegem.

Na primeira infância, a nossa ânsia é pela sobrevivência. A vulnerabilidade nos encurrala num território estreito que muito pouco nos possibilita. Só uma coisa almejamos: que fique tudo bem.

Ainda não somos capazes de fazer enfrentamentos nessa fase da vida. A tudo acatamos, porque outra coisa não queremos senão a aprovação dos que identificamos responsáveis por nossa sobrevivência. Só o amadurecimento cerebral e emocional poderá nos dar a chave para sairmos dos aprisionamentos desse amor, mas, quando não aprendemos a coragem de romper com esse aprisionamento, passamos a levar adiante o medo de perder a proteção. Sendo assim, ficamos emocionalmente condicionados a acatar, de quem quer que seja, as imposições que entenderemos sempre "para o nosso bem".

Esse condicionamento costuma ficar disfarçado como obediência, docilidade à vontade superior, porque há um falso conforto, o equívoco emocional de que ficar sob a vontade alheia é uma maneira de viver virtuosamente a mansidão.

Esse condicionamento é muito comum nos ambientes de vida religiosa. Talvez seja naturalmente atraente às pessoas de essências negadas essa forma de adesão. É muito comum encontrar pessoas em absoluto desprovidas de senso crítico na lida com as imposições feitas por seus líderes religiosos. Estes, por sua vez, beneficiam-se da imaturidade dos que não se descobriram. Fica menos conflituoso liderar e arbitrar na vida de quem não se descobriu como um centro de autonomia, vontade, liberdade e discernimento. É bem mais confortável decidir e impor, muitas vezes, em nome de Deus, que aqueles emocionalmente frágeis dediquem suas vidas a servir uma estrutura que está longe de ser bem-intencionada.

Não estamos em hipótese alguma desmerecendo o valor da obediência enquanto um voto religioso que uma pessoa professa livremente, com o desejo de pertencer a uma ordem religiosa, servindo a Deus através da obediência aos seus superiores. De maneira alguma. A adesão livre, fruto de uma reflexão nascida de alguém que goza de satisfatória tutela de sua liberdade interior, será sempre um valor inquestionável.

Eu tive o prazer de encontrar pelo mundo afora pessoas autônomas, felizes, realizadas, concretizando em suas vidas uma convicção que há muito alimento em mim: *só os livres verdadeiramente obedecem*.

Mas os líderes que lidam com pessoas livres sabem quão exigente é estabelecer com elas uma relação de autoridade, visto que o ser livre nunca terá receio de questionar o que considera arbitrário e sem sentido. Obedecer é um exercício de escutar com o outro. Essa escuta compartilhada só é possível aos que compreendem a autoridade como um serviço, como uma oportunidade de interferirem positivamente na vida dos que estão sob seu serviço.

Dentro do contexto das religiões, a liderança é ainda mais exigente, pois a autoridade religiosa costuma despertar uma inteira e irrestrita confiança. Do que lidera espiritualmente outras pessoas espera-se que ele tenha feito o seu caminho interior, e que esteja em dia com seu processo de autoconhecimento para que não imponha aos seus liderados as consequências nefastas de suas neuroses não curadas.

Sob a proteção da falsa bondade

O discurso religioso é perigoso. Ele é perpassado por uma compreensão de que a vida de muitos precisa passar pela constante mediação de uns poucos. Para se chegar a Deus é necessário ser mediado pelos seus representantes. E, às vezes, pagando um pedágio caro. Material e emocional.

O exercício da mediação, quando não vivido com responsabilidade, torna-se um instrumental poderoso de castração da liberdade. Ele incute no fiel o equívoco de que no líder há mais discernimento e sabedoria do que em si. Ao fiel será sempre necessário passar pelo mediador, pois, sem ele, o encontro com Deus não será possível.

A mediação, contudo, não pode ser compreendida fora da condição de serviço. Mediar é servir. Esse serviço consiste em instruir o mediado a entrar em contato direto com Deus. É claro que há atribuições específicas do mediador na vida ritual, porém a busca da espiritualidade precisa abarcar o todo da vida. É preciso que a mediação capacite o ser humano para viver diariamente o desvelamento do sagrado em seus dias, a partir de si. Essa mediação, quando exercida com responsabilidade, desperta no ser humano a sensibilidade para que tudo seja interpretado como *lugar de Deus*.

A consciência humana precisa evoluir para a percepção do mundo como um lugar teofânico, isto é, um lugar onde Deus se manifesta constantemente. Deus não é privilégio de crentes que frequentam templos, terreiros, mesquitas, sinagogas e igrejas. Deus está presente em todas as realidades criadas. É a partir delas que compreendemos as regras da vida. Observando a maravilha de suas obras, podemos chegar ao conhecimento da obra que somos. Toda mediação que nos educa para a sacralidade do mundo é naturalmente libertadora. Deus não quer outra coisa senão que sejamos livres. A mediação religiosa não pode nos escravizar, tampouco nos privar de ter acesso ao Deus que nos habita. Jesus disse: "e conhecereis a verdade, e a verdade vos libertará" (João, 8,32).

Não se trata de buscar a verdade fora de nós. É dentro do nosso coração que está o tesouro escondido. Um tesouro que nos faz chegar ao conhecimento de duas pessoas que dividem o mesmo templo: nós e Deus. A liberdade, resultado que só a verdade pode nos trazer, só é possível aos que se dispõem ao tortuoso e difícil caminho da reflexão.

Não faz sentido acatar uma regra religiosa que nos escravize, ou tampouco aderir a uma religião que negue quem somos. Quem se descobre descobre Deus. Quem descobre Deus se descobre. E isso é libertador. A maior riqueza que uma autoridade religiosa pode nos fazer descobrir é aprender a viver esse processo libertário. Seria contraditório que nossa experiência religiosa nos fizesse escravos deste ou daquele líder.

A natureza da liderança religiosa é transitória. O único definitivo somos nós e Deus. Portanto, a liderança religiosa só pode ser frutuosa quando sazonal. Serve-nos para aquela fase da vida. O específico daquele líder nos favorece viver os êxodos daquele tempo. Ele nos ajuda nas travessias, semeia-nos com as convicções que depois serão assumidas como regras de vida, posturas que nos farão ficar de pé por nós mesmos.

Depois, já que a vida é sempre movimento, precisaremos de outras formas de lideranças, pois nossas necessidades serão diferentes. Levaremos o que aprendemos no passado, faremos do aprendizado memória, seremos gratos aos que nos fizeram chegar ao ponto em que estamos, sem deixar de buscar a continuidade. Para cada fase da vida, uma intervenção mediadora. Lideranças passam, mas a nossa experiência, não.

Os eus impostos pelas religiões são desastrosos, pois são feitos sob a névoa da pretensa bondade. Eu sou um líder religioso e nunca quis ser adepto da sacralização da maldade, do inescrupuloso curativo que colocamos sobre as hipocrisias da alma, fazendo-as parecerem santas. Lido melhor com os que não temem a vergonha da ferida, com os que não falseiam a própria miséria, colorindo-a com cores vibrantes para que pareçam bondade.

Não é fácil me manter nesse propósito. Sempre esbarro na tentação de parecer melhor do que sou, impondo a mim um personagem que causará boa impressão nos que me observam. Nesse caso, avalio que o prejuízo emocional que decorrerá da interpretação vai me custar caro demais, pois nada pode ser mais desgastante para o ser humano do que ser escravo do que inventou de si. O que inventamos pode até causar satisfação temporária, mas, depois, vai minando nossa saúde emocional.

Ao líder religioso se colocará constantemente essa tentação batendo à porta: a de parecer sempre bondoso, angelical, nunca visitado pela ira, sem pulsões sexuais, sem defeitos, sem agressividade, sem fragilidades. Talvez seja a consequência de uma construção cultural.

O líder religioso sempre foi interpretado como alguém que vive *mais perto de Deus*. Essa interpretação acabou derramando sobre ele um fardo que lhe retirou o direito de sofrer e manifestar publicamente suas mazelas. Dele se espera força, determinação, fé inabalável, ainda que nele tudo esteja ruindo. Ao ser flagrado sem paciência, fazendo o oposto do que me proponho, eu escutei: "Você não pode falar assim, porque é padre!". A frase é verdadeira e também mentirosa. Sim, a vida sacerdotal pede liturgia. Assim como outros ofícios, não é bom que eu grite, que perca a paciência, que saia do controle. Mas sou humano, e, sendo humano, estou propenso a gritar, perder a paciência, sair do controle. O sacerdócio assumido não sucumbe à humanidade que há em mim.

As pessoas parecem desconhecer que onde há luz também há sombra. Isso não é sem motivo. A figura do líder religioso foi, durante muitos séculos, interpretada como etérea, sobrenatural, incapaz de sofrer das mesmas necessidades que os meros mortais. A imposição cultural pode ter emperrado o processo de muitos, levando-os a colocar sobre o rosto de suas verdades a caricatura do modelo socialmente aceito.

Um grande equívoco histórico-sócio-cultural que foi permitido pelos que lideraram antes que nós. Sabemos que essa construção serviu a uma inescrupulosa maneira de ocultar crimes cometidos nos bastidores das instituições religiosas. Usava-se da inquestionável autoridade que tinham para fazer com que prevalecessem seus interesses, ocultando as suas fragilidades quando movidos pela lascívia e pela imoralidade.

Não precisa ser assim. É perfeitamente possível que a autoridade religiosa seja exercida com respeito e reverência, mesmo quando o líder se exponha frágil. Aliás, percebemos um movimento social que sinaliza para uma empatia maior com os que não fogem da verdade.

Pois bem, mesmo os que se dedicam radicalmente à vida religiosa não estão livres da fragilidade, mas, quando essa fragilidade é negada, o *eu* imposto pela religião lança suas teias. Dessa forma, damos à maldade um espaço para florescer no mundo, através de nós.

Muitos infernos são acesos e mantidos por pessoas que se reconhecem como *gente de bem*. É fácil compreender. A fragilidade humana não se afasta nem mesmo dos que desejam trilhar os caminhos da santidade. Até o mais puro dos homens está sujeito aos ditames da crueldade que abriga em sua carne.

É desconcertante: o mesmo ser que vive para implantar o bem no mundo, de repente, por escolhas infelizes que faz, passa a ter um comportamento assustadoramente cruel. Gostaríamos que fosse diferente, mas não é. Faz parte das contradições que não nos deixam, do estatuto que nos rege. Bondade e maldade dividem o mesmo quarto na hospedaria da alma.

Não há processo de santidade que seja capaz de extirpar nossa tendência humana à crueldade. O que podemos é assumir o controle, mantendo sob uma doma a maldade que emerge de nós sempre que estimulada. No entanto, nunca seremos capazes de arrancar pela raiz. Sempre estará silenciosa e querendo crescer. E, se dermos oportunidade, se regarmos suas sementes, elas crescerão.

A mão que abençoa e encaminha também pode aliciar e causar desvio. O olhar que aconchega e aproxima também pode expulsar e violentar. A boca que reza e bendiz também pode amaldiçoar, mentir e caluniar. Nem faz sentido criar alarde com os desvios que identificamos todos os dias. Por que ficamos tão indignados quando alguém é exposto em seus erros? Porque queremos o breve esquecimento de que somos capazes de fazer o mesmo; porque colocando o erro alheio sob a luz nós colocamos os nossos sob a sombra.

O coração humano é um território de contradições. Somos todos frágeis, vulneráveis. As religiões oferecem diferentes formas de compreender essa fragilidade. O judaísmo tem o perdão no eixo de sua teologia. Sem o perdão, a vida social não é possível. O perdão que recebemos de Deus nós devemos oferecer aos que erram ao nosso lado. Porque somos frágeis, compreendemos e acolhemos o outro que também é. O islamismo, embora tenha sido tão atrelado aos discursos de ódio e à intolerância – grupos extremistas construíram um islamismo bastante distinto do sugerido pelo Alcorão –, também é um convite ao amor responsável, ao respeito à fragilidade, um apelo à caridade, à reconciliação diária.

O budismo, embora não seja religião, uma vez que se aproxima mais de uma filosofia do bem-viver, também sugere o desapego, o amor e respeito ao mundo, condutas que envolvem a fragilidade com a experiência do cuidado. No hinduísmo não é diferente. A fragilidade precisa ser assumida e compreendida, pois só assim conseguiremos elevar os nossos espíritos.

As religiões afro-brasileiras, tão presentes na diversidade religiosa do país, ressignificaram a dor histórica da pele negra. A escravidão, uma das maiores vergonhas que a humanidade já consentiu, fomentou uma religiosidade de resistência silenciosa. A objetificação de pessoas é um crime moral que não prescreve. Ao sobreviver a ela, os pretos que chegaram ao Brasil trouxeram nos alforjes a herança ancestral que os alinhava aos primórdios da religiosidade no mundo. Nas formas inculturadas que temos por aqui, as religiões dos pretos continuam ganhando gramatura nos teares da sobrevivência. A vulnerabilidade humana é compreendida como espaço aberto ao complemento do mistério. Ainda sob a égide de um rosto sagrado que os prende aos inícios, desenvolvem resistência sob o manto da religião, tornando o tempo presente um memorial do passado, ritualizando a dor que ainda não foi sarada, invocando as forças que reativam a resistência. Em sua imensa variedade de ritos, há sempre o desejo de que a dignidade negada de seus praticantes seja restituída. Sob a proteção dos orixás, inquices e voduns, os pretos reassumem a submissão não aos seus algozes, mas às forças da natureza, aos comandos transcendentes que tornam o mundo um lugar compreensível, ainda que sempre misterioso. Divindades apadrinham a vulnerabilidade humana. Quem deles recebe a graça, atualizando em seu corpo as possibilidades oferecidas, desfruta de um desvelamento epifânico que harmoniza as disposições do eu essencial. Afinal, essas religiões são mais do que uma resposta ao sofrimento: resgatam mitos, ritos e modos de vida.

Nós, cristãos, se ainda permanecemos na fidelidade ao que nos propõe Jesus, também não podemos negar a fragilidade que nos habita. É a partir dela que podemos chegar ao melhor de nós. O perdão está no centro da dinâmica. Sem ele, ficaríamos paralisados pela culpa. O arrependimento nos proporciona o reconhecimento dos erros que cometemos. Deus está sempre pronto a nos reconciliar, pois ele conhece a indigência que está em nós.

A antropologia cristã faz uma reflexão muito sugestiva sobre isso. Ela nos diz que a indigência existe porque participamos da linhagem de Adão e Eva, que, de acordo com a tradição bíblica, são os primeiros seres humanos criados por Deus.

Esses dois personagens representam o ponto original de onde brota a nossa tendência ao que as religiões cristãs chamam de pecado. Pecado é tudo aquilo que no comportamento humano se coloca como um obstáculo para se chegar àquilo que Deus projetou para cada um de nós. O pecado possui três dimensões. Ao pecar, prejudico o meu processo de evolução. Sendo assim, prejudico, por consequência, o processo dos outros. E, por prejudicar a mim e os outros, ofendo a Deus, que está em mim e no outro.

No livro de Gênesis, temos a passagem que traz o episódio do primeiro pecado, que é o relato do paraíso perdido, representação bíblica do ser humano que se rende à fraqueza, que desobedece à regra divina e se rebela contra a própria natureza.

Ao ultrapassar os limites estabelecidos, o ser humano perde o paraíso. A perda significa deixar de gozar de todas as alegrias e prazeres de antes. O paraíso era o lugar da luz, do conforto, da fartura, do descanso, do deleite espiritual, do cuidado divino, do encontro com o Criador. Ao sair do espaço delimitado para o encontro, ele passa a ter que lidar com as realidades perdidas.

Como consequência, o ser humano se depara com o sofrimento, enxerga a nudez que até então não o perturbava. Isso é sugestivo. O paraíso o colocava em perfeita harmonia com sua nudez. Ele estava protegido de si mesmo. O Criador o envolvia por todos os lados.

Esse é o nosso ponto de partida. Somos herdeiros de Adão e Eva. Trazemos em nós a inconsciente vergonha da nudez, o desconsolo do erro, o desalento de não ter mais o conforto do paraíso, de ser por Deus deserdado.

A desobediência que gerou a perda tornou-se o lugar original da fraqueza humana. De acordo com a interpretação cristã, Adão e Eva mancharam a criação divina, deixando-nos, como herança, todos os sofrimentos que decorrem da indigência humana.

Mas a mesma antropologia que nos apresenta a queda de Adão e Eva como causa de nossa ruína apresenta-nos o Cristo como a definitiva interferência de Deus para a compreensão da indigência humana provocada por eles. Vejam bem, de acordo com essa antropologia, estamos posicionados entre dois horizontes distintos. De um lado estão Adão e Eva, figuras que representam a queda original, e de outro lado está Cristo, o Deus que se encarnou para redimir a condição humana de todos os prejuízos causados pela desobediência de Adão e Eva.

Cristo nos oferece uma nova natureza. Ao encarnar-se na história, Deus nos concede, em Cristo, a oportunidade de recuperar o paraíso que nossas raízes humanas perderam. Cristo é o redentor que nos ensina o caminho de retorno, o mapa que nos devolverá ao lugar da origem, do encontro com o Criador. Essa oferta generosa nos solicita um movimento. O mapa de retorno é dom, a força necessária para chegar, porém o caminho deverá ser andado por nós. Em outras palavras, o paraíso existe, mas é necessário caminhar na sua direção e dele tomar posse. O deslocamento que vivemos para reconquistar o paraíso perdido é sempre feito sob o influxo da graça de Cristo. Compreendamos a graça como um amparo, um favor.

Essa caminhada é árdua, requer esforço diário. O motivo é simples. Nós a fazemos a partir das consequências irrenunciáveis que ficaram em nós. Mesmo sendo agraciados com os favores sobrenaturais da encarnação de Deus, ainda trazemos em nós a marca de Adão e Eva, os seres de barro que sofrem de limites e misérias, as criaturas que se angustiam com as deficiências que são próprias de sua condição.

Gostaríamos de salientar uma dimensão dessa antropologia que consideramos universal, capaz de fazer sentido a crentes e não crentes. Somos seres históricos. Estamos sob as consequências de todos os erros humanos já cometidos. Sim, uma ancestralidade que é irrenunciável. Não somos filhos do acaso. A fragilidade da criação está registrada em cada criatura. Carregamos sobre os ombros os limites de nossa condição. Sim, essa é nossa verdade.

Ainda que não queiramos ter essa consciência, ainda que nos esforcemos para ser indiferentes ao caos que gera a dor social, dele fazemos parte, com ele estamos envolvidos. O miserável, mesmo o mais distante de nós, nele estamos todos existencialmente amolgados.

Voltamos à teologia cristã. De acordo com sua sugestão, a humanidade é constantemente convidada a sair da condição adâmica para tomar posse da condição crística. Veja que há um caminho a ser trilhado. Entre Adão e Cristo há um processo a ser vivido. A esse processo a teologia chama de conversão, aperfeiçoamento, evolução espiritual, travessia que pode nos levar de um estado de vida a outro. Para nós, cristãos, a conversão é a superação das tendências adâmicas pelos dons de Cristo. É a prevalência de um estado sobre o outro.

Veja bem, eu não posso pensar uma liderança religiosa fora do compromisso de fortalecer os eus que a ela se sujeitam para que essa travessia seja feita. Independentemente de qual seja a crença, todos os religiosos se interpretam num caminho de evolução. Aqui citamos o exemplo de evolução cristã. Controlar os limites de Adão para que prevaleçam as possibilidades de Cristo.

Seja qual for a sua profissão de fé, ou mesmo que não professe fé alguma, presumimos que você também se veja num itinerário de busca e de superação. Todos os seres humanos, crentes ou ateus, estão em processo de evolução espiritual. E não importa, neste momento da reflexão, qual seja a convicção religiosa que esteja nos movendo. O fato é que há uma travessia que precisa diariamente ser feita por todos nós. Estamos todos em constantes deslocamentos existenciais. Ainda que motivados por uma filosofia ateia, mas que considera a evolução como uma necessidade humana, estamos todos em deslocamento. Crentes ou ateus.

Há sempre um *eu* acorrentado que precisa ser livre, um *eu* indivíduo que precisa ser pessoa, um *eu* que vive em condições precárias necessitando despertar, recordar que é sublime.

Não importa em que estágio estamos. Não interessa qual distância da estrada já percorremos. O que importa é não permitir que a nossa evolução seja interrompida, mesmo porque ela só nos traz benefícios. É pelas mãos da evolução espiritual que adentramos o tabernáculo da verdade. E ela, sem medo de errar, não pertence a este ou àquele grupo religioso. Nós, cristãos, acreditamos que *Jesus é a verdade, o caminho e a vida*, mas não podemos desconsiderar que a verdade que Jesus trouxe ao mundo possa estar manifestada em outros lugares com outro rosto, outro nome. Há pessoas que são essencialmente cristãs. Vivem como Jesus viveu e recomendou, contudo não se identificam com as religiões cristãs. Podemos desqualificar essa forma de cristianismo, o que não passou pelas vias da adesão institucional, ainda que tenha se tornado presente no coração pela força da vivência?

O cristianismo não pode ser aprisionado pelas pretensões das religiões institucionais. Ele é muito maior do que nós. Seria um erro acreditar que Jesus só acontece nos espaços que delimitamos para sua ação. O rosto de Cristo se mostra nos honestos, nos que são conscientes de suas misérias, nos que burilam diariamente os excessos do coração, mitigando o poder da maldade, derramando paz por onde passam, promovendo justiça onde a injustiça é regra, abrigo aos que vivem ao relento, amor aos que estão negados.

Cristo sempre estará nos que acordam no meio da noite, nos que não temem abrir a porta e acolhem os que chegam cansados, necessitados de um descanso sob o abrigo da bondade humana.

O pessimismo antropológico como impedimento para a evolução espiritual

Presumimos que a hipocrisia gerada pelo discurso religioso esteja intimamente ligada à dificuldade que o ser humano tem de reconhecer suas indigências. Isso é muito estranho, pois se saber limitado não deveria causar estranhamento ao ser humano que desfruta de uma crença religiosa, uma vez que é na lida com a fragilidade que a experiência religiosa verdadeiramente se funda.

Como já vimos, a crença em Deus, em quase todas as religiões, manifesta-se como um amparo existencial no enfrentamento das consequências da fragilidade.

A experiência que fazemos de Deus é também uma experiência que fazemos de nós mesmos. São experiências complementares. Mas nem sempre conseguimos compreender o princípio de sua onipotência sem que Ele nos faça perceber excessivamente os limites que nos determinam. A partir de Sua onipotência chegamos à Sua grandeza.

Geralmente, as religiões ensinam um Deus onipotente e grandioso. Pois bem, tocar sua grandeza deveria nos fazer experimentar e compreender nossa indigência como uma particularidade que nos aproxima da grandeza.

Não é bem isso que acontece. É muito comum identificar em pessoas religiosas uma tendência ao aniquilamento de si para fazer valer a grandeza divina. Expressões como "não somos nada diante de Deus, somos miseráveis" perpassam naturalmente os círculos de pessoas religiosas sem que isso lhes causem desconforto algum. Estão bem catequisadas. Interpretam-se "um nada" diante de Deus, e a Ele interpretam como todo-poderoso, perfeito e onipotente.

Veja bem, o pessimismo antropológico, que está tão socializado nos contextos religiosos, é muito pernicioso, pois pode gerar um desvio na interpretação que o ser humano faz de si mesmo. Não faz sentido compreender a onipotência divina como uma oposição à nossa pequenez. Não é preciso desmerecer-nos para que Deus seja reconhecido como grande.

Uma coisa é reconhecer-se indigente e tendente à miséria. Outra coisa é interpretar-se "um nada". E, o pior, perceber que o sentir-se assim funciona como alicerce para a compreensão de que Deus é grande. É um equívoco estrutural. Deus não precisa que sejamos miseráveis para que Ele seja grandioso. Sua grandeza independe de nossa indigência.

Na mentalidade de muitos, porém, essa associação acontece; por isso, ela é tão prejudicial à experiência de fé que nos coloca diante de Deus. O autoconhecimento não deveria alimentar o pessimismo antropológico. Menosprezar-se não é saudável em hipótese alguma, muito menos diante de Deus. A considerar que toda e qualquer experiência religiosa deveria provocar a consciência de que somos um território sagrado, não faz sentido que uma atitude de autodesprezo possa resultar num verdadeiro encontro com Deus.

O primeiro passo que damos na experiência mística é o reconhecimento da dignidade que em nós está firmada. Dignidade tem vínculo estreito com toda e qualquer compreensão religiosa de que o ser humano é precioso aos olhos de Deus.

A dignidade é o selo que nos coloca no mundo como territórios santificados, lugares humanos que em hipótese alguma podem ser profanados. É em nós que Deus habita. É através de nós que Ele interfere no mundo. Portanto, o passo mais natural para uma verdadeira experiência Dele passa pelo reconhecimento do valor que temos.

Voltamos a dizer. Encontramos na antropologia cristã uma premissa muito significativa para compreendermos a evolução espiritual. Embora sejamos portadores dos limites herdados dos primeiros seres humanos, estamos revestidos das graças de Cristo, o Redentor. E quem não é cristão? Como poderá acreditar no que para nós, cristãos, funciona como uma segunda natureza? Deverá reconhecer-se como um território sagrado, um lugar escolhido por Deus para erigir sua habitação. E que, independentemente da crença que professa, ou até se não professar fé alguma, também desfrutará de viver a evolução espiritual que interfere de maneira significativa na qualidade da vida.

Talvez a nossa dificuldade em reconhecer a grandeza de Deus, sem incorrer no pessimismo antropológico citado anteriormente, esteja no fato de que, em nossas relações humanas, fazemos questão de diminuir outras pessoas para que nos sintamos valorizados. É claro que nem todos agem assim, mas acaba sendo um processo inconsciente muito comum. Olhamos para os que não alcançaram os mesmos bons resultados que nós e tendemos a apoiar sobre eles o nosso sucesso.

Um vencedor sempre precisa de um perdedor para sentir-se bem. É a lógica da disputa que acaba se estendendo em todas as dimensões humanas. O sucesso é uma realidade que tem seus alicerces em fracassos. Cruel, não é? Sim. Não costumamos pensar assim, por isso nos soa estranho.

Isso acontece muito em nossas relações familiares. O filho bem-sucedido precisa carregar sobre os ombros o filho fracassado. E, mesmo que diga que está cansado da relação de dependência, de alguma forma, em intensidade que não nos compete dizer, gosta de ter o fracassado por perto, pois, para que os outros percebam e reconheçam o seu sucesso, precisa estar na comparação com o irmão que não conseguiu o mesmo que ele. São processos inconscientes, nem sempre fazemos com intenção.

Mas uma coisa é certa: ao aplicarmos essa regra mesquinha em nossa relação com Deus, inviabilizamos a experiência que nos faz conhecer quem somos e, consequentemente, conhecer a Deus.

Adélia Prado[44] é uma escritora que, em muitos momentos de sua obra, faz questão de ressignificar a interpretação que alguns discursos religiosos fizeram acerca da grandeza de

---

44. Nascida em Divinópolis, Minas Gerais, em 1935, Adélia Luzia Prado de Freitas é uma das maiores escritoras brasileiras da atualidade. Com delicadeza e sensibilidade, aborda o cotidiano como um lugar privilegiado da ação de Deus.

Deus. Mais precisamente no poema "O pelicano", Adélia faz uma leitura muito interessante do sentir-se pequeno como um favorecimento divino, e não como um prejuízo. Nele, ela narra a experiência de ter visto de perto, pela primeira vez, um leão.

O encontro com o animal a conduz a um movimento místico. Ao primeiro contato com ele, Adélia sofre o impacto de sua força, fato que lhe rouba as palavras. E não saber o que dizer é comemorado por ela, pois "prolonga-lhe o gozo".

O ser humano, toda vez que experimenta a transcendência, desobriga-se de dizer. A palavra torna-se desnecessária, excessiva, descabida. O silêncio a coloca, sem rodeios, diante do leão, sem nada entre eles, nenhum obstáculo separando as duas condições.

A grandeza do leão se sobrepõe à sua pequenez, mas ela não lamenta. Esse reconhecimento ela o faz "premida de gratidão". Então, sente o desejo de pedir que ele dela tenha piedade.

A expressão é religiosa, recorda-nos a liturgia cristã de pedir que Deus tenha misericórdia de nós. Pedimos porque somos pequenos. Pedimos porque confiamos que sua grandeza saberá nos acolher. O poema termina de forma epifânica. Uma revelação permite à autora uma nova forma de ver a cena.

A experiência concedeu ao leão outra natureza. E Adélia, arrebatada pela *humana fé*, reconhece: "eu não vi o leão, eu vi o Senhor".

Veja bem, o poema tem um itinerário interessante. Da manifestação da grandeza que lhe rouba a palavra, passando pelo apelo à misericórdia e, finalmente, pelo reconhecimento de que Deus está ali, temos a construção de uma experiência religiosa.

Nessa experiência, em nenhum momento o sentir-se pequeno, provocado pela grandeza do leão, despertou na autora um desprezo por si. Pelo contrário, "ao premir por saber-se pequena", ela desfrutou dos benefícios de ter fé em um Deus, cuja grandeza e onipotência são sinônimos de amor e encantamento.

Sejam quais forem a crença e os princípios da fé que norteiam a vida de uma pessoa, deveria ser natural que a onipotência de Deus fosse assimilada como um acolhimento da miséria que nos habita. Não faz sentido que a nossa fé em Deus nos motive um desprezo por nós mesmos. A grandeza divina não deveria estar a serviço da humilhação humana. Porque ama, Deus é grande. E nós podemos ser também. Basta que vivamos conscientes da grandeza que nos habita, basta que façamos adesões e escolhas que favoreçam a evolução que manifesta a presença de Deus em nós.

Mas o pessimismo antropológico está sempre entre nós, dificultando uma leitura mais sensata da nossa relação com Deus. E não é sem motivo. É muito comum observar a pertença religiosa motivando uma espécie de vaidade espiritual, um sentir-se superior e, ainda que aparentemente despretensiosa, uma forma de segregar no outro o que ainda não está sob controle em nós. Essa vaidade espiritual desencadeia e comanda a dificuldade que o ser humano tem de assumir-se frágil diante dos outros.

Viver para apresentar resultados, que é tão próprio da vida corporativa, marcada por disputas e competições, torna-se uma conduta muito comum em comunidades religiosas. "Eu sou mais santo do que os outros", "eu não caio nas mesmas fraquezas que eles" são algumas das expressões que fazem parte da linguagem segregadora que demonstra essa compreensão.

Acompanhei de perto muitos grupos que eram *religiosamente* mantidos por essa disputa. Percebia em suas condutas uma justificativa legal para repudiar em público a fragilidade alheia.

Já presenciei a reconstrução dos antigos tribunais medievais, em que a fraqueza humana era purgada na frente de todos com o intuito de que servisse de exemplo.

Ao reduzirmos o erro a uma fonte de castigo, retiramos dele a possibilidade de ser transformado em fonte de virtude. Tomemos como exemplo a prática de Jesus. Em nenhum momento Ele maximiza os erros humanos, pois sabia que a maximização pode transformar o erro em fonte de castigo, perdendo, assim, a sua dimensão pedagógica. Com os erros nós precisamos aprender, não nos martirizar.

Do pessimismo às máscaras

Como vimos anteriormente, a vida cristã se estabelece a partir da mística que nos põe a caminho da incorporação da vida de Cristo. No entanto, como reagir quando identificamos em nós e nos outros as forças adâmicas prevalecendo, levando-nos a retroceder na direção do ser indivíduo que temos na raiz?

Nossa reação deveria ser madura. Deveríamos ter coragem de renovar a consciência de que não estamos prontos, que os outros também não estão. A consciência iluminada nos levaria a reparar o erro, reassumir o caminho e seguir em frente. Mas por que temos tanta dificuldade de agir assim?

Talvez por temermos os julgamentos dos que nos observam, pelo receio de ver nossa reputação descer alguns degraus na escadaria da santidade, optamos por acobertar o erro cometido. E, geralmente, quando não passamos pela experiência de partilhar as consequências de nossa fragilidade, tendemos a não superar o erro que nos amargurou. Então a ele nos adaptamos, passando a vivê-lo em segredo, protegidos dos outros, e não de nós mesmos.

Contudo, para manter a proteção que nos livra de que o outro saiba que estamos sob o domínio da fraqueza, lançamos mão dos disfarces que as máscaras nos proporcionam.

E o que são essas máscaras? Geralmente são comportamentos dissimulados, gestuais minimamente pensados, discursos moralistas, agressividade na forma de como lidamos com a fragilidade alheia, e até uma maneira de falar, de ser e de se vestir. A hipocrisia religiosa passa por construções ardilosas que são bastante difíceis de serem ruídas, pois costumam gerar muito respeito e admiração em quem observa de fora, sem nunca imaginar o caos que ali está instaurado.

Ao sentir-se protegido pela máscara, o ser humano se esquiva de lidar e crescer com a própria indigência. O que há é a construção de um descrédito íntimo, particular, pois disso a máscara não o protege. Ao saber que pratica em segredo o que nos outros condena publicamente, o pretenso religioso reforça em seu íntimo a pior modalidade de descrença: *a de si*. E isso gera um prejuízo emocional incomensurável, já que perder a fé em si mesmo compromete profundamente a fé que temos em Deus. Não podemos dissociar a fé em Deus da necessidade diária de acreditar que Deus também acredita em nós.

Sabendo-se personagem, o ser humano não desfruta da satisfação de poder amadurecer a partir de suas fragilidades. O que com ele acontece é o contrário. Por não ter coragem de assumir publicamente as fraquezas que o comandam, ele reforça todos os dias a escravidão que o faz depender de uma imagem que não corresponde à sua verdade, um *eu* que não tem consonância com sua essência, uma caricatura triste que construiu de si mesmo.

É muito comum identificar comunidades religiosas como territórios de caricaturas. A desesperança humana é tão profunda, as consequências geradas pela falta de honestidade pessoal estão tão arraigadas que, sem medo de errar, já não há mais transcendência no que chamam de fé. Pode até haver rigorosa observância dos ritos religiosos. Reza-se, cumprem-se preceitos, praticam-se diuturnamente as prescrições das regras fundantes, mas há muito não desfrutam de mística, pois as almas estão condenadas ao árido deserto da inautenticidade, aos sombrios calabouços construídos pela solidão, uma vez que, mesmo morando aglomerados, raramente desfrutam de verdadeira e frutuosa comunhão.

O oposto também é verdade. Há comunidades religiosas verdadeiramente alicerçadas em preceitos elevados, sempre atentas ao bem que o autoconhecimento pode produzir. Religiosos e religiosas espiritualizados, felizes em suas escolhas, maduramente posicionados, sempre atentos ao processo de evolução que precisam viver.

Por que nem sempre é assim? Por que a dor de ser quem somos não nos desperta para a empatia com o que padece do mesmo que nós? Por que em comunidades religiosas é tão comum que prevaleça o falseamento da fragilidade em detrimento da oportunidade de fazer crescer a cultura da solidariedade, da verdade, da honesta partilha das lutas que enfrentam e do acolhimento? Num lugar onde a busca pela vida espiritual deveria ser a via de regra, por que se incorre tanto no erro de não ter a verdade como o elã vital das relações?

Não é fácil chegar às respostas dessas perguntas. Ousamos dizer que talvez seja porque os disfarces da hipocrisia são especialistas em nos oferecer momentâneos esquecimentos da fragilidade que carregamos. Ao viver para acusar o que está em delito ao nosso lado, nós nos esquecemos, temporariamente, de que também se encontra em nós a matéria-prima que no outro condenamos. O moralismo oferece breves confortos, pois é uma oportunidade de lustrar o ego, firmar diante dos outros um modelo de vida do qual até gostaríamos de desfrutar, mas ainda não conseguimos. Então, *o viver para parecer ser suplanta o viver para ser*.

O eu imposto pela necessidade de parecer correto, justo, fiel, verdadeiro, virtuoso sufoca o eu essencial, que só floresce quando reconciliado com as indigências que são irrenunciáveis aos seus estatutos.

O falseamento do eu provoca grandes estragos na vida social. É a partir dele que quebramos a solidariedade que poderia nos congregar num espírito de tolerância. Não se trata de assumir um laxismo, uma completa indiferença à necessidade de colocar sob doma a nossa tendência ao erro. Não, trata-se de olhar com mais tolerância a fragilidade que está em nós.

O desenvolvimento das ciências humanas, de maneira especial a psicologia, já nos entregou uma verdade incontestável: não é inteligente negar os limites que temos. A experiência nos mostra que a negação reforça o que pretendemos negar. O efeito é contrário. A forma mais salutar seria acolher com humildade os limites que estão em nós, incorporando-os à engenharia diária de melhoria, atuando diretamente sobre eles, minimizando o seu controle sobre nós.

É trabalhando os limites que extraímos a parte educativa que neles há. Todo limite pode ser indicativo de uma possibilidade. Basta olhar filosoficamente, isto é, olhar com mais profundidade para eles. Já vimos, mas é sempre bom repetir. Nosso olhar quase nunca ultrapassa a superfície da realidade. É preciso sondar com mais destreza o que vemos. O limite também pode ser uma oportunidade de desbravar horizontes que estavam sob a névoa do desconhecimento. O autoconhecimento passa pela identificação de tudo o que nos possibilita e também do que nos limita. É a partir dessa mistura que somos possíveis. Negar nossas limitações compromete a qualidade da identidade que construímos.

Identificar é estabelecer as características que comportamos. É por elas que saberemos identificar o que podemos e o que não podemos. Entretanto, não faz sentido interpretar o que não podemos como algo negativo. É apenas uma característica do ser que somos. O que é em mim é negação, no outro é possibilidade. É assim que nos complementamos. Se todos pudéssemos e não pudéssemos da mesma forma, não seríamos complementares.

A riqueza da humanidade está justamente nessa diversidade insondável. E, mais uma vez, destacamos a importância da influência das religiões sobre nós. Boa parte do aprendizado que realizamos acerca de nossas diferenças complementares nos chega através dos discursos religiosos. Por isso é tão importante que eles sejam construídos fora das imposições de medos e hipocrisias, pois, ao negar uma fragilidade que está em si, criando uma moldura de falsa perfeição, que o desobriga de se expor frágil, o líder religioso acaba motivando a mesma hipocrisia em seus fiéis. Como vimos, da hipocrisia nasce o círculo vicioso da acomodação que, por sua vez, gera o descrédito de si mesmo.

Os eus impostos pela religião são profundamente nocivos, pois geram uma natural proteção. O falso religioso pratica, a meu ver, a pior forma de maldade: a praticada como se fosse bondade. Na tentativa de esconder a maldade que não sabemos controlar, colamos no rosto a máscara da bondade. Mas, como a máscara não transforma o caráter, passamos a alimentar o personagem que é capaz de cometer crimes hediondos sempre sob a proteção da caricatura da santidade.

Não é nenhuma novidade. Estamos todos acostumados às notícias que nos mostram os crimes cometidos por religiosos. São muitos. E não é difícil entender o motivo de serem tantos. Quando uma pessoa procura uma autoridade religiosa, geralmente o faz num momento de fragilidade. Lidar com a fragilidade alheia requer muita maturidade emocional, controle de si. Exercer uma liderança religiosa não é garantia de que o ser humano que o faz disponha dos atributos necessários, tampouco de que tenha retas intenções.

Em todas as dimensões da sociedade há desvios. A pedofilia, por exemplo, embora seja evidenciada com frequência dentro da igreja católica, não é um crime que diz respeito somente a padres. As estatísticas indicam que o maior número de denúncias decorre de crimes cometidos por familiares.

Médicos, profissionais da saúde, professores, instrutores esportivos, padres, pastores, em todos os segmentos sociais há registros de crianças e adolescentes abusados sexualmente por adultos. Trata-se de um crime odioso, que fica ainda mais odioso quando praticado por uma liderança religiosa, já que administra a missão de conduzir as pessoas em seus processos espirituais.

Como já dissemos, a autoridade religiosa funciona como proteção. É cultural. Ainda que já tenhamos observado significativa mudança, é muito comum que as autoridades religiosas sejam vistas como mais evoluídas espiritualmente. O que pode ser um engano. Ter uma religião, ou ser revestido de uma função dentro de um contexto religioso, não é garantia de caráter e retidão de intenções, elementos fundamentais em um ser humano que se diz espiritualizado.

Ao estabelecer com uma criança um tratamento afetuoso cordial, o líder religioso dificilmente desperta a desconfiança dos familiares da criança. É pouco provável que alguém venha maldar ou colocar em dúvida as intenções do religioso em questão. É essa confiança acrítica que facilita a ação criminosa. Escondido por trás da máscara da bondade, o religioso consegue facilmente alcançar os seus intentos.

Há muitas ocorrências de pessoas que foram abusadas em chamadas *consultas espirituais*, muito comuns em lugares que se transformaram em santuários de curas e milagres. Pessoas necessitadas de tratamentos médicos, mas desiludidas ou desenganadas pela medicina, encontraram nesses lugares uma última esperança para seus problemas. Fragilizadas física e emocionalmente, entregam-se a rituais que prometem curar o mal que enfrentam.

Não pretendemos generalizar, dizendo que todo recanto religioso está desvirtuado, corrompido, distante da missão de oferecer alento espiritual aos que o procuram. Não, há lugares santamente comandados, sem nenhum desvio de intenção. Falamos das exceções que ganharam os noticiários nos últimos tempos, quando líderes religiosos foram condenados por abusos sexuais contra fiéis. Essa crueldade sempre existiu. Quando um líder religioso é movido por distúrbios emocionais, desvio de caráter, ou até mesmo por perversão sexual, aqueles que estão sob a sua liderança podem se tornar um alvo fácil para abusos e crimes.

Isso acontece quando há a instrumentalização da fragilidade, o desrespeito que transforma o fiel em vítima. Encontrei e conheci muitas pessoas que foram abusadas sexualmente por religiosos. Pessoas que ficaram marcadas, levando em si uma indisposição natural à experiência religiosa, porque tiveram a infelicidade de cruzar o caminho de homens e mulheres inescrupulosos que usavam da autoridade que exerciam para aliciar, ludibriar e cometer abusos.

A hipocrisia permitida e fomentada pelas caricaturas da religião só poderá ser desconstruída mediante a reconciliação com a fragilidade original. Um processo que cada um precisa ver. Independentemente da teologia que escolheram acreditar, desse enfrentamento antropológico ninguém deveria fugir.

O primeiro passo da mudança é deixar de alimentar o falseamento da fragilidade. Assumir os limites que temos já é meio caminho andado na direção da maturidade emocional.

Como líder religioso que sou, considero elementar travar, diariamente, uma luta contra as idealizações dos que me observam. Eu não posso ceder à tentação de me mostrar perfeito, como muitos o querem. A minha busca pela santidade há muito deixou de ser busca pela perfeição. O conceito de santidade é muito mais sugestivo, pois ele não nos aprisiona na perfeição amórfica, sem propósito, distante da realidade. Perfeição sempre nos dá ideia de algo pronto, irretocável. Não somos assim. Santidade recorda-nos processo, busca dinâmica que envolve o cotidiano, que nos faz pensar num itinerário a ser feito. De Adão e Eva a Jesus.

A proposta cristã é uma vida de santidade, isto é, uma vida de buscas, vitórias e derrotas. Não somos perfeitos. Não faz sentido criar uma caricatura de perfeição para que os outros observem e admirem. Somos humanos. Não é justo com nossa humanidade transformá-la em uma falsa experiência angelical, puritana, aparente.

É a partir da hipocrisia da aparência que nos tornamos alvos fáceis para a reprodução da maldade que está presente no mundo. Não quero reproduzir nas relações que estabeleço a crueldade que minhas convicções condenam. Não quero adaptar-me à cultura do *parecer ser*. Não quero alimentar hábitos nascidos de sentimentos mesquinhos e revesti-los de embalagens bonitas. Aprendi com a vida. A pior maldade é a que carregamos velada, a que se esconde nas costuras de hábitos, batinas, véus sobre a cabeça e símbolos religiosos pendurados no peito. A pior maldade é a que se oculta em rostos cândidos, sorrisos acolhedores e vozes mansas. Se sabemos que o outro nos odeia, é natural que criemos a nossa defesa. Ficaremos atentos aos caminhos que poderão nos colocar diante dele. Quando o inimigo está albergado em pessoas aparentemente boas, porém, aí sim, enfrentaremos um exército poderoso.

Digo por mim. Não é fácil administrar a tendência ao mal que trazemos dentro de nós. É trabalhoso domar nossos impulsos negativos, destrutivos. É tarefa árdua lidar com o ser que somos. Sondar a fundo a verdade de nossas intenções desencadeará mal-estar, desassossego. É natural que seja assim. É na crise que podemos experimentar mudanças. Só depois do sangramento é que tem início a cicatrização. O sangramento, porém, gera desconforto. As regras do corpo se aplicam às regras dos afetos.

A maturidade humana requer coragem de tocar nas feridas da alma. Só poderá crescer como pessoa aquele que se dispõe a investigar-se com honestidade, aquele que não teme o sacrifício diário que a transformação exige. Ninguém nos prometeu que seria fácil. A construção da integridade requer empenho e sacrifício.

O problema é que, na tentativa de não ter esse trabalho, muito facilmente optamos pela máscara comportamental. Por dentro somos mesquinhos, mas, por fora, angelicais. Como dissemos, a máscara é um recurso fácil. Ela funciona como um esconderijo que nos livra do julgamento alheio. Sim, só do alheio, pois do nosso não podemos nos esconder. Nenhum esconderijo poderá nos ocultar de nossas verdades fundamentais.

Vivendo sob as máscaras que inventamos, nós sacrificamos a qualidade de nossa existência. O fingir ser outro, em detrimento do ser que podemos ser, causa enorme desgaste emocional ao ser humano que escolhe viver tão vergonhoso despropósito. Alguns perdem dias, meses e anos vivendo a vida sob disfarce. Outros perdem a vida inteira. Albergados sob o peso das máscaras, desperdiçam a preciosa oportunidade de ser quem são.

As máscaras como desdobramentos dos medos

Os medos que sentimos são irrenunciáveis. Ainda que desenvolvamos a capacidade de administrá-los, eles nunca nos deixam. Eles são desdobramentos de nossas fragilidades originais. Manifestam-se das mais diversas formas: em estado de pureza ou sob a sombra de comportamentos que tentam disfarçá-los. Todos nós já experimentamos e conhecemos bem o desconforto causado por eles. A agressividade, por exemplo, pode ser manifestação de medo. Ao sentir-se acuado, amedrontado ou ameaçado emocionalmente, o comportamento agressivo se apresenta como um mecanismo de defesa. Sob o disfarce do ataque, da arrogância, um ser frágil sente medo.

Eus impostos geram medos. Pessoas que estão privadas de suas essências tendem a dissimular os medos que sentem. Não é sem razão. O distanciamento da verdade pessoal gera ainda mais insegurança àquele que vive o processo.

Quanto mais próximos estivermos de nossa essência, maior será a nossa habilidade em lidar com as situações que nos amedrontam. Conheci uma família que viveu um conflito muito semelhante ao que aqui abordamos.

Maria Inácia teve dois filhos: Júlio e Anderson. Ela os criou sozinha. O marido morreu quando Anderson, o filho mais novo, tinha apenas 6 meses de vida. Não foi fácil. O marido era autônomo e não tinha o hábito de economizar. Ela nunca havia trabalhado fora, só em casa, pois ele não permitia. Ela não se importava. Tinha enorme prazer em cuidar da casa e dos filhos, mas a perda do companheiro a colocou diante da necessidade de mudar radicalmente sua estrutura de vida. Começou a trabalhar, deixava os meninos na creche e, no tempo que lhe sobrava, trancava-se em casa com eles. Os meninos cresceram sem amigos. Maria Inácia impôs a eles a sua reclusão. Eles não eram conscientes do que acontecia. Sorviam naturalmente aquele modo de viver, sem saber dos prejuízos emocionais que mais tarde precisariam enfrentar.

Tão logo começaram a viver os primeiros movimentos da emancipação emocional, Júlio e Anderson perceberam que a mãe não estava nem um pouco disposta a modificar a relação simbiótica que tinha com eles. Já na idade de sair, namorar, ter vida social para além daquelas paredes, Maria Inácia começou a manifestar uma agressividade nunca antes vista pelos meninos.

A história chegou até mim através de Júlio, que participava de um grupo de jovens que eu acompanhava na comunidade onde trabalhava no tempo do seminário, antes de ser ordenado padre.

Muito consciente, o rapaz sabia exatamente que a agressividade da mãe estava ligada ao namoro que ele havia começado fazia um ano. Foi a partir daquele momento que ela teve as manifestações mais graves de ira. Não eram manifestações leves, fáceis de ser contornadas. Maria Inácia já estava na fase de se automutilar. Por não encontrar respaldo nos rapazes, que nunca revidavam às agressões físicas que recebiam, ela começou a se cortar, arrancar cabelos, roer as unhas a ponto de sangrar os dedos.

Júlio estava certo. Um tempo depois, ele me confidenciou que a mãe havia aceitado um tratamento psiquiátrico. O médico aconselhou uma terapia familiar. A princípio, ela ficou resistente, mas depois aceitou.

Ao longo do processo terapêutico, Maria Inácia foi capaz de reconhecer que a agressividade tinha origem no medo de perder os filhos. O namoro de Júlio foi a ponta do iceberg. Ela foi incapaz de viver o desdobramento da maternidade, que é justamente permitir que o filho vivencie a conquista da autonomia emocional.

Mesmo sem motivos, Maria Inácia começou a interpretar a namorada de Júlio como uma ameaça. Contudo, antes do processo terapêutico, ela nunca foi capaz de reconhecer isso. Ela nem sequer tocava no assunto do namoro. A agressividade nunca partia do motivo principal. Era despertada por motivos simples, corriqueiros. Uma roupa fora do lugar, um esquecimento de comunicar que não chegaria no horário de sempre, qualquer coisa, por mais simples que fosse, era por ela supervalorizado, motivo que justificasse seus ataques de ira.

A verdade cura. E, se não cura, alivia. A terapia fez bem a todos eles. Ao ser capaz de assumir que estava com medo de ser abandonada pelos filhos, Maria Inácia se desfez do eu imposto do qual estava sendo vítima. O medo era o estímulo diário que ele a enviava. Um medo infundado, mas o eu imposto, movido pela insegurança, não era capaz de perceber que aquele medo não fazia sentido.

O fechamento exacerbado vivido por aquela família foi a grande causa que fez Maria Inácia tornar-se refém de si mesma. Faltou a eles a relacionalidade com outros.

Desde a morte o pai, os meninos pouco conviveram com outras pessoas. A mãe incutiu neles um medo infundado. Eram inseguros. No entanto, a vida no colégio fez o trabalho de corrigir o que neles estava desordenado. O estímulo vindo de fora fez com que conquistassem, ainda que tardiamente, a autonomia. E, a partir dela, eles foram quebrando aos poucos a dependência com a mãe.

Ela não viveu o mesmo. Continuou imersa em seu mundo emocionalmente minúsculo, escrava da dependência que a prendia aos filhos. Sua agressividade não veio de uma vez. Tão logo percebeu que os meninos tinham um mundo paralelo que não a incluía, Maria Inácia começou a experimentar os primeiros desconfortos. Entretanto, foi a notícia do namoro que desencadeou a ira que até então se manifestava moderadamente.

Antes de ser capaz de reconhecer o ciúme provocado pelo medo de perder o filho, Júlio me disse que sua mãe começou a colocar defeitos na namorada que ela nem conhecia. Recusava-se a ter a moça dentro de casa, porque "sabia" que ela não prestava. Júlio tentava argumentar, pois a mãe nunca havia estado com a menina, como poderia saber que ela não prestava? Mas foi em vão. Ela não tinha disposição para quebrar a barreira que o ciúme colocava entre ela e a namorada do filho.

É assim mesmo. Sob o domínio do ciúme, nós ficamos privados da verdade. Sendo assim, enxergamos o que nos convém. É uma forma que temos de justificar nossa rejeição, de negar que o nosso comportamento está motivado pelo ciúme que sentimos.

A máscara gerada pelo medo nos afasta da verdade. Motivada pelo apego excessivo que nutria pelo filho, Maria Inácia não era capaz de reconhecer qualidades na moça que ele namorava. E, mesmo que ele mudasse de namorada, é certo que sua opinião continuaria inalterada.

Ela alegava sua rejeição à moça como amor pelo filho. Dizia que queria apenas proteger Júlio de uma decepção. Protegida pela máscara de boa mãe, cuidadora incansável que só desejava o bem do filho que trouxe ao mundo, certamente Maria Inácia diabolizaria todas as mulheres que Júlio namorasse ao longo da vida.

Diabolizar é quebrar o símbolo, é desunir as pontas, prejudicar a harmonia. É maquiar a verdade a partir de mentiras pessoais, mentiras que nem a nós mesmos revelamos, aquelas que alimentamos no momento em que nos sentimos ameaçados. Diabolizar é ver maldade onde não existe, é não permitir que o outro seja ele mesmo, é inventar uma realidade que justifique o nosso comportamento egoísta.

Era justamente isso que Maria Inácia fazia. Visitada pela insegurança de ver o filho tomar o seu caminho, destino natural de todo ser humano que assume a autonomia da vida, já estava decidida que nenhuma mulher poderia amar seu filho como ela amava.

Cega pelo ciúme, ela só via o que queria ver. Enraizada na insegurança, perdeu a capacidade de reconhecer a própria maldade. A máscara a impedia de vivenciar o amor como liberdade interior, como movimento que cuida, mas, ao mesmo tempo, permite que o outro seja autor de sua própria história.

Uma pergunta nos ocorre: Maria Inácia não amava os filhos? Sim, é evidente que amava. O amor, mesmo quando possessivo, não deixa de ser amor. O problema é quando passa a ferir. E o ferimento, dependendo da intensidade, pode matar o sentimento, transformando-o em mágoa, rancor, ressentimento.

Entre eles, o amor não chegou a morrer. Sobretudo porque os filhos compreenderam que as atitudes da mãe eram movidas por ciúmes. A consciência esclarecida dos filhos não permitiu que o sentimento fosse completamente modificado. Interessante perceber. Quando uma das partes continua com a posse da lucidez, ainda resta algo a fazer. No entanto, quando todos os envolvidos estão imersos no movimento autodestrutivo da relação, o amor morre, deixando apenas um sentimento de posse e destruição, restando somente a obrigatoriedade do vínculo sanguíneo sem a leveza voluntária do vínculo emocional, sentimento de pertença, solidariedade afetiva que funde as singularidades em um delicado e fecundo plural.

O processo terapêutico foi fundamental para que Maria Inácia reinterpretasse suas inseguranças. Decerto precisou revisitar o luto do marido. Em algum momento do processo, ela se apegou ciosamente aos filhos. Passou a interpretá-los como o mundo que lhe restou. Não tendo aberto a sua casa para que novos vínculos fossem estabelecidos, limitou-se a viver para os dois meninos.

Essa trama emocional funcionou até certo tempo. À medida que os meninos foram ficando mais tempo fora de casa, foi natural que seus mundos se ampliassem. Tão logo interpretou que daquela ampliação não fazia parte, a sua insegurança tornou-se patológica.

Num primeiro momento, ela soube contornar, mas a chegada da namorada de Júlio retirou-lhe a capacidade de disfarçar. Não confortável em si mesma, Maria Inácia encontrou na agressividade a maneira de dizer que se sentia ameaçada. Os meninos foram mais maduros do que a mãe. Não acreditaram naquelas manifestações, embora sofressem muito com elas.

Eles sabiam que as reações nasciam de uma mulher ferida, insegura e, ao mesmo tempo, incapaz de dizer, demonstrar a fragilidade que nela doía.

Maria Inácia estava sob o peso da máscara. Por fora era agressiva; por dentro, pedia socorro, misericórdia. Os meninos viram o avesso da mãe. E, ao buscarem ajuda médica, concederam a ela a oportunidade de ressignificar a sua maternidade.

Não é fácil nos livrar das máscaras geradas pelo medo. É preciso sulcar as raízes de onde ele brota. Não basta tentar interferir somente nas manifestações da máscara. É preciso buscar os avessos que a sustentam.

Mas a lida com o medo requer um exercício de despojamento. Já falamos sobre isso antes. É preciso olhar-nos sem o fardo das ilusões. Não somos perfeitos. Nosso amor não é perfeito. Até o amor materno pode ser perpassado por desvios e crueldade. O amor tem seu lado obscuro. É preciso acender as luzes, olhar sem medo as razões que nos levam a agir como agimos. O amor entre mãe e filhos precisa ser constantemente purgado para que não fiquemos cegos aos aspectos nocivos e destruidores que a ele são inerentes.

Da mesma forma como podemos olhar sem crítica para um religioso, nunca pensando na possibilidade de nele haver um desvio de caráter, uma intenção não esclarecida, ou até mesmo uma maldade, também podemos olhar com a mesma ingenuidade para nossas mães. Não, nenhum amor está livre de ficar a serviço da crueldade.

Interferir nas relações que estão sendo pautadas sobre essas regras escusas ajuda-nos a retirar o sentimento do fosso, impedindo que sucumba e se desprenda da essência. Desvelar os nossos processos inconscientes nos devolve à coerência, facilita a nossa interferência sobre nossas atitudes e posturas. O agir que se configura sob o auxílio da luz da consciência tende a contribuir melhor para a saúde dos nossos relacionamentos. Quando não estamos no comando de nossas escolhas, os sentimentos menos nobres assumem o protagonismo. Quando vivemos sob a égide do medo, da insegurança e da agressividade, nossas possibilidades humanas são reduzidas drasticamente. Os processos terapêuticos são fundamentais para que tenhamos acesso ao esclarecimento que nos permite nova postura. O conhecimento da verdade nos liberta.

A vida como lugar terapêutico

Os processos terapêuticos, indispensáveis ao florescimento e amadurecimento humanos, são os grandes responsáveis pela consciência que podemos ter de nós mesmos. Chega-se ao conhecimento do *eu* por meio dos enfrentamentos que terapeuticamente realizamos. Alguns formais, dentro dos métodos estabelecidos pelas mais diferentes vertentes da psicologia, da filosofia clínica, mas também pelos informais, quando a própria vida se encarrega de nos oferecer o divã que nos leva ao cerne de nós mesmos.

Ao longo deste livro, ressaltamos o quanto é importante manter acesa a chama da verdade pessoal. Falamos de como é fundamental descobrir e alimentar a estrutura que identificamos como *eu essencial*, a casa da personalidade que compreendemos como nossa.

Pois bem, compreendendo que o *eu* é um resultado de muitas conjugações existenciais – algumas originadas de nossas escolhas, livres, conscientes; outras, de nossos condicionamentos, impostas por pessoas que exerceram e exercem autoridade afetiva sobre nós –, coloca-se diante de nós o desafio de estabelecer uma rotina que seja favorável à percepção consciente das conjugações, a oportunidade de criar, na estrutura dos dias, o favorecimento para que a vida vivida seja constantemente refletida.

Neste tempo em que somos reativos em excesso, adeptos de respostas que não costumam ser gestadas a partir das regras da observação, a reflexão acaba sendo pouco estimulada entre nós. Nossas ambiências emocionais pouco favorecem um olhar mais profundo sobre o que vivemos, uma leitura mais rigorosa sobre o nosso jeito de ser e estar no mundo.

O ser reativo, característica do ser humano contemporâneo, vive adaptado aos estímulos sociais. Seja imerso no contexto líquido, fluido, como entendeu Bauman, pouco disposto a estabelecer os vínculos que congregam e responsabilizam, seja como peça de encaixe da imensa engrenagem do mundo de consumo, como compreende a sociologia que o analisa, o ser reativo pouco sabe de si, vive sob o comando de necessidades inconscientes, sempre limitado por si mesmo, incapaz de fazer uma leitura satisfatória de sua conduta, de seu modo de estabelecer e cultivar relações.

Na vida excessivamente reativa, não há muito espaço dedicado ao amadurecimento da consciência do *eu*. O que há é a correspondência exaustiva aos pacotes de exigências diárias. O que há é um conjunto de respostas orquestradas, sempre padronizadas, muito semelhantes às dos cães condicionados de Pavlov.[45]

---

45. Ivan Pavlov foi um fisiologista nascido em Ryazan, na Rússia, conhecido pelo seu trabalho no condicionamento clássico. No horizonte de suas vastas e fecundas pesquisas, há um experimento que se tornou muito conhecido: o treinamento de cães.

O condicionamento nos distancia da reflexão, condena-nos ao raso da existência, pois nos priva de um dos elementos que nos tornam essencialmente humanos: a liberdade. É a partir dela que fazemos escolhas, deliberamos, selecionamos o que incorporaremos como nosso.

Ao contrário do ser humano reativo, o ser humano reflexivo pouco cede às demandas que condicionam e cerceiam a liberdade. A reflexão é o antídoto para o condicionamento. Atributo que nos diferencia de todas as outras espécies, a capacidade de refletir e atribuir sentido ao que vivemos é uma das maiores riquezas de que podemos desfrutar. No entanto, embora ela seja natural em todo ser humano que desfruta de um funcionamento cerebral regular, é um atributo que precisa ser educado, assim como tudo em nós.

Veja bem, o contexto de todo processo educador é a sociedade. Embora muitos dos nossos processos educativos costumam ser experimentados na solidão, pois requerem um confronto essencialmente pessoal, eles sempre passam pelas nossas experiências comunitárias. O outro funciona como um lugar de confirmação e também de negação de tudo o que nos educa. Sendo assim, nossos aprendizados são construídos pela cooperação de muitos.

Como já abordamos, os processos terapêuticos podem tornar nossas ações mais conscientes e refletidas. Somente o entendimento das questões que nos dizem respeito pode favorecer um agir mais coerente e consciente.

Viver de forma terapêutica é uma possibilidade que se coloca diante de cada um de nós. Para isso, é preciso ter sempre em mente a responsabilidade de construir as ambiências que favoreçam os enfrentamentos que contribuem para o nosso autoconhecimento. É por meio dele que se torna possível a compreensão do ser que somos.

Saber *quem se é* é um desafio que nunca termina, pois o ser que somos é prenhe de ineditismo, facetas que se revelam de acordo com as fases da vida. Como já abordamos, a vida humana é constante devir, remanso que recebe influências, contribuições; vazões, prejuízos planejados, articulados por nossa capacidade de amar; prejuízos impostos, sem que tenham sido escolhidos por nós, resultado de relações abusivas. Nós somos a soma de favorecimentos e desfavorecimentos. O *eu que somos* é um resultado construído por muitas mãos, muitas influências. Por isso é tão importante que sejamos vigilantes, atentos às circunstâncias que nos moldam.

Criar uma ambiência favorável ao viver consciente é uma tarefa extremamente exigente, pois esbarra na dificuldade que é própria dos nossos dias. Conforme já refletimos, o contexto histórico que nos situa é muito desfavorável à fecundidade. As pessoas estão naturalmente dispersas, reativas, perdendo aos poucos a capacidade humana de articular a existência de forma reflexiva, atuando sobre o momento presente de forma consciente.

Um ambiente terapêutico exige comprometimento, disposição ao vínculo, à reflexão que nos coloca diante de nós mesmos. Ele não se estabelece sem uma conversão radical da forma como vivemos. Sim, embora a palavra conversão nos soe religiosa, o que realmente precisamos é converter a nossa conduta, reordenar a forma como estamos escolhendo viver o momento presente.

A ansiedade, característica tão acentuada em todos nós, retira-nos do tempo presente. Ao assumir o controle de nossa mente, ela nos prende a dois tempos que não nos pertence: ao passado e ao futuro. Importante para o processo terapêutico, o passado funciona como ponto de partida para os entendimentos que precisamos ter sobre nós. Ele sempre funcionará como uma caixa-preta da nossa história. Muitas vezes, a alteração de uma conduta requer a reinterpretação de um acontecimento do passado. Com os recursos que nos foram dados pela maturidade, fazemos uma releitura da história vivida. Mas ele não pode ser considerado para além disso. O passado não pode continuar tendo o controle dos sentimentos que sentimos, dos pensamentos que nutrimos, das ações que praticamos. Ele é um ponto nevrálgico da hermenêutica que nos permite saber quem somos. Só isso.

O futuro, por sua vez, esse tempo que nem sabemos se teremos, é uma possibilidade que nos enche de esperança. A espera é operante, isto é, fazemos enquanto esperamos. O ato de esperar requer movimento, preparo. Prepara-se aquilo que se espera. E só.

O único tempo que de fato temos é o tempo presente. Nele estamos historicamente posicionados. Ele é a geografia em que estamos, o lugar em que podemos fazer com honestidade as escolhas que preparam o futuro. É no presente que reinterpretamos o passado, que saramos as dores que tantas vezes nos paralisaram, impedindo-nos de viver de forma consciente e vigilante.

Viver de forma terapêutica exige consciência do tempo presente. É preciso estar onde se está. Requer colocar o peso do corpo no chão do momento. Requer permanecer fiel a si mesmo, atento a tudo o que a vida está nos propondo.

A vida terapêutica exige ambiência emocional favorável, pede relacionamentos maduros e fecundos, vínculos que construam os enfrentamentos necessários aos processos normativos que enfrentamos, relacionamentos que favoreçam a amorização que nos permite aceitar os erros do passado.

As pessoas que livremente nos amam são essenciais na percepção e descoberta do *eu que somos*. Sem elas, não há rotina terapêutica, pois precisamos do outro para validar nossas descobertas. Os amores, quando livres dos interesses que nos cerceiam, curam-nos, elevam-nos, levam-nos ao amadurecimento que nos permite viver confortáveis em nós mesmos.

Cremos que uma pertinente definição de felicidade seja esta: viver confortável em si mesmo. Viver bem sob a pele que nos veste é o grande objetivo de todos nós. Tal conforto é o resultado de muito empenho. Os processos que nos educam e nos transformam são muito exigentes. É preciso muita disposição para vivê-los. A realização humana é um resultado que exige muitas conjugações, labores diários arregimentam os tempos que nos habitam, as idades que foram sedimentadas, e que seguem atuantes, apesar de finalizadas. Somos a soma de todas as fases, os tempos idos, presentes e futuros. Os processos terapêuticos reúnem numa mesma sala todos os eus que compõem a trama do *eu que somos*. Eus que são nossos, eus que não são. Todos conjugados pelo mesmo verbo, orquestrados pela consciência, pela parte que, em nós, é capaz de compreender e esclarecer.

A sala de estar em que reunimos os eus requer estar sempre iluminada. Para que tenhamos condições de distinguir o essencial do acidental, o indispensável do supérfluo. Os eus que são meus, os eus que não são meus. Manter a luz acesa é uma tarefa que só terminará quando os nossos olhos se fecharem definitivamente.

A todas as pessoas que me confiaram suas histórias,
abriram o arcabouço de suas memórias tristes,
tornando possível esta construção literária.
À Clarissa Melo, minha revisora,
que tornou tudo tão mais leve e bonito.

Editora Planeta Brasil | 20 ANOS

Acreditamos nos livros

Este livro foi composto em Fairfield LT Std e impresso pela Gráfica Santa Marta para a Editora Planeta do Brasil em fevereiro de 2023.